PEREGRINA DE ARAQUE

Mariana Kalil

PEREGRINA DE ARAQUE

3ª reimpressão

UMA
JORNADA
DE FÉ
E ATAQUE
DE NERVOS
NO ORIENTE
MÉDIO

PORTO ALEGRE – SÃO PAULO
2015

Copyright © 2011 Mariana Kalil

Preparação
Luciana Thomé

Capa
Titha Kraemer – Bendito Design

Ilustração da capa
Bebel Callage

Revisão
Rodrigo Rosp

Dados Internacionais de Catalogação na Publicação (CIP)

K14p   Kalil, Mariana
         Peregrina de araque / Mariana Kalil. — Porto Alegre : Dublinense, 2015.
         144 p. ; 21 cm.

         ISBN: 978-85-62757-57-0

         1. Crônicas Brasileiras. 2. Literatura Brasileira. 3. Descrição de Viagem.
         I. Título.

                                                          CDD 869.987

Catalogação na fonte: Ginamara de Oliveira Lima (CRB 10/1204)

Todos os direitos desta edição
reservados à Editora Dublinense Ltda.

Editorial
Av. Augusto Meyer, 163 sala 605
Auxiliadora — Porto Alegre — RS
contato@dublinense.com.br

Comercial
(11) 4329-2676
(51) 3024-0787
comercial@dublinense.com.br

ROTEIRO DE VIAGEM

DIA 1
Porto Alegre, Aeroporto Internacional Salgado Filho

DIA 2
Aeroporto Internacional do Cairo, Egito

DIA 3
Cairo

DIA 4
Cairo

DIA 5
Cairo, Monte Sinai

DIA 6
Monte Sinai, Taba
Fronteira Egito-Israel-Jordânia

DIA 7
Petra, Amã

DIA 8
Amã, Madaba, Monte Nebo, Nazaré
Fronteira Jordânia-Israel

DIA 9
Nazaré, Monte Tabor

DIA 10
Nazaré, Magdala, Tagba, Cafarnaum, Mar da Galileia

DIA 11
Nazaré, Rio Jordão, Jericó, Mar Morto, Betânia

DIA 12
Belém, Taybeh, Jerusalém

DIA 13
Belém, Jerusalém

DIA 14
Belém, Betânia, Jerusalém

Às minhas duas famílias
por terem sido incansáveis
no incentivo de transformar em livro
os relatos da viagem
enviados diariamente por e-mail

"Nós somos a soma das nossas decisões."
Woody Allen, em *Crimes e pecados*

PORTO ALEGRE
QUARTA-FEIRA, 13 DE OUTUBRO
DIA 1

Eu fiquei paralisada. Não conseguia me mexer. Não saía do mesmo lugar. Estava imóvel, estática, no meio do escritório de casa. Na minha frente, uma foto de quando tinha 26 anos. Eu e a Patricia, minha cadela boxer, minha grande amiga. A Patricia tinha morrido de velha havia nove meses, aos 12 anos de idade. E eu ainda vivia esse luto ardido e silencioso guardando as suas cinzas ao lado da nossa imagem.

Fiz o mesmo com o Gordo, meu cocker preto, que também morreu de velho, aos 13 anos. O recipiente com as cinzas do Gordo dormiu comigo durante um ano e meio em cima da minha cama, dentro da pantufa em formato de cabeça de alce que ele tanto gostava e fazia de travesseiro. Mantive as cinzas até o dia em que o Gordo pediu, pelo amor de Deus, que eu o libertasse dessa mania mórbida. Então, em um belo domingo de sol, atirei suas cinzas no jardim.

— O que é isso, Mariana? — perguntou minha mãe, diante daquela poeira voando por cima dos gerânios e ameaçando cair dentro da piscina.

— É o Gordo, mãe. Ele finalmente quer sair do pote.

Mas por que exatamente eu estava estática naquela manhã de quarta-feira com olhar fixo para as cinzas da Patricia? Porque eu tenho um defeito de fabricação que é esperar sempre o pior. Nessas horas de fatalismo pessimista, lembro de um dos meus artistas preferidos: Jorge Oteiza, escultor, pintor e escritor basco, por quem inicialmente me interessei após ler uma frase sua que diz muito a meu respeito: "Quando vemos uma luz, sempre nos cabe a dúvida de pensar se, efetivamente, é o fim do túnel ou um trem que vem de frente a toda velocidade".

Se há a mesma porcentagem de chance de acontecer algo bom ou ruim, eu acredito com fé que o ruim triunfará. Meu pai diz que sou a personificação da Lei de Murphy.

"Se alguma coisa pode dar errado, dará com a Mariana."
"Toda partícula que voa sempre encontra um olho, o olho da Mariana."
"A luz no fim do túnel é o trem em alta velocidade vindo na direção da Mariana."

Naquela manhã de quarta-feira, eu pegaria três aviões: de Porto Alegre para São Paulo, de São Paulo para Roma e de Roma para o Cairo. Três chances iminentes de um desastre aéreo, três oportunidades para minhas cinzas se juntarem às do Gordo e da Patricia. Eu só pensava nisso. E não conseguia me mexer.

Não sabia se tinha mais pena de mim ou do Chico, meu marido. Acho que eu tinha mais pena do Chico. Ele não sabia como me ajudar a sair daquela paralisia, e eu não conseguia explicar a situação a ele (tampouco a mim mesma). Era o avião? Os três aviões? As máscaras de oxigênio que cairão automaticamente à minha frente? O assento flutuante da poltrona? Eu não sabia. Só sabia que, na véspera, minha mãe havia me dado quatro comprimidos de Valium 10 para que eu parasse de pensar besteira e começasse a curtir o privilégio de ter sido a jornalista escolhida pela direção de redação do jornal em que trabalho para aquela viagem de peregrinação religiosa.

— É meio Valium, viu, Mariana? Meio! — dizia minha mãe, já me conhecendo muito bem. — Fala pra ela, Renato, tu que é médico. Fala pra ela tomar só meio Valium.

— Mãe, eu tomei meio Valium há quarenta minutos pra ver se faz efeito e olha só: não tô sentindo nada.

— Olha aí, Renato! Essa guria vai tomar um Valium inteiro e não vai nem conseguir entrar no avião.

— Não te preocupa, mãe. Eu só vou tomar a outra metade já dentro do avião. Se não funcionar, eu tomo Dramin.

— Dramin é pra enjoo, Mariana! — corrigia meu pai. — Com essa mania de tomar Dramin pra dormir, quando tu ficar enjoada vai demorar mais pra fazer efeito.

— Daí eu tomo Plasil ou Luftal — eu insistia.

Não por acaso, o Chico me apelidara de Michael Jackson.

Desde que um comprimido de Valium 10 e três taças de vinho tinto não tinham surtido qualquer efeito a 11 mil metros de altura, eu havia aprendido a lançar mão do Dramin como a droga da misericórdia. Era pá-pum. Eu apagava.

— Tu só vai viajar porque tu quer, Mariana. Ninguém tá te obrigando a nada — dizia o Chico diante da minha paralisia.

— Eu sei... — eu resmungava.

— O que é que tu sente? Algum pressentimento? Só medo do avião? O que é? — ele perguntava.

— Tenho uma bola no peito e outra na garganta — eu choramingava.

E as lágrimas corriam.

Eu não me reconhecia. Sempre fui corajosa, destemida. Morei em São Paulo, no Rio de Janeiro, em San Diego, em Barcelona. Sempre fui e voltei. Mudei 12 vezes de casa. Construí e destruí. Inventei moda, me reinventei. Caí e levantei. Tatuei a palavra "coragem" no meu pé esquerdo justamente porque sempre foi a melhor definição que encontrei para mim, e agora estava ali, paralisada, aos prantos, feito uma imbecil. Havia algo além do avião? Eu não conseguia discernir. As bolas de mal-estar no meu peito e na minha garganta não diziam uma palavra. Estavam mudas como eu.

A fobia de avião é antiga, sempre me acompanhou. Não lembro de nenhuma viagem em que não tivesse começado a sofrer já no momento da compra da passagem. Sempre achei que um dia essa fobia iria embora, mas ela só piorou com o passar dos anos. Trata-se de uma contradição com a qual tento muito lidar, já que sou inquieta, movida pelo novo, pelo diferente, pela aventura. Não sei ficar parada no mesmo lugar. Seria uma tragédia pessoal e também profissional deixar de realizar uma viagem por não ter a bravura e a audácia – a coragem mesmo – de encarar esse monstro, de nocauteá-lo, de levá-lo à lona, de pisoteá-lo e de dizer a ele que quem manda na minha vida sou eu.

Por mais sofrimento que eu viesse a sentir, sempre me orgulhei de ser a soma das minhas decisões. E minhas decisões não podiam passar por medos e fobias. Não podiam passar pela falta de fé, pelo pessimismo, pela crença no desastre, na tragédia – ainda que reconheça que faço do pessimismo meu escudo e proteção. É a tal história: se esperar o pior, e o pior acontecer, já estou preparada. Se vier o melhor, aí é lucro. Mais ou menos como o peru de Natal – já dizia minha bisavó –, que morre de véspera.

Faltando meia hora para ir para o aeroporto, a confusão mental que havia tomado conta de mim era total e absoluta. Eu já não distinguia mais nada, já não me ouvia, tinha perdido toda e qualquer lucidez. Ao mesmo tempo em que era óbvio que devia me atirar de cabeça naquela oportunidade incrível, também era óbvio que eu estava dando uma chance tremenda ao azar.

Achei que seria bom usar esse tempo que restava para fazer algo que sempre me traz muitas respostas: dar um passeio com o Bento. Durante a meia hora de passeio com meu adorado lhasa apso de dez anos com fôlego de guri, eu decidiria, de uma vez por todas, se embarcaria ou não naquela viagem. Minha mala estava na porta, o grupo de 35 peregrinos estava à minha espera, mas eu precisava desesperadamente daquele momento a sós com meu cachorro, subindo e descendo ruas, um passo de cada vez.

E bastou ver o Bento cheirando as mesmas árvores de sempre, as mesmas plantas e gramas de sempre com a alegria de quem faz aquilo tudo como se fosse a primeira vez, que eu entendi a mensagem singela que meu cachorro passava. Era excesso de paranoia e falta de entusiasmo o que eu sentia. Inspirei o entusiasmo do Bento, expirei a paranoia da Mariana. E corri para o aeroporto.

2

PORTO ALEGRE
AEROPORTO SALGADO FILHO

Dei um passo à frente e cinco para trás diante da cena. No meio do saguão do Aeroporto Salgado Filho, peregrinos se amontoavam ao redor do guia da excursão. Estavam todos devidamente aparamentados com a bolsa azul da agência de turismo, o chapéu de cor cáqui na cabeça, o crachá de identificação e um lenço amarelo com a bandeira do Brasil amarrado no pescoço.

— Olha ali a tua turma — divertiu-se o Chico, me conhecendo muito bem. — Cadê o teu lencinho? Não vai pendurar no pescoço?

Eu não pretendia pendurar um lenço com a bandeira do Brasil no pescoço. Também não tinha cogitado a ideia de usar chapéu, crachá e bolsa de excursão.

— Tu deve ser a Mariana, a jornalista — sorriu o guia Robson.

— Sim, sou eu — respondi.

— Seja bem-vinda — disse ele. — Aqui está tua bolsa, teu chapéu, teu crachá, teu lenço e tua passagem. Este é o grupo. Nós já estamos embarcando. Vem com a gente?

— Eu ainda preciso comprar dois cadeados para a minha mala. Encontro vocês no embarque internacional, em São Paulo, pode ser?

— Claro, só não vai te perder, hein?

Querendo ou não, eu agora fazia parte de uma turma de turistas uniformizados em uma viagem de peregrinação religiosa. Respirei fundo, tranquei a mala com os dois cadeados recém-comprados, me despedi do Chico e entrei no avião. A próxima etapa era me entorpecer de Valium10, vinho tinto, Dramin e capotar. Quando chegasse ao Cairo, alguma estratégia de sobrevivência haveria de se apresentar.

3

CAIRO
QUINTA-FEIRA, 14 DE OUTUBRO
DIA 2

Quando o avião da Alitalia deslizou o trem de pouso na pista do Aeroporto Internacional do Cairo, eu tive a impressão de estar descendo ao fim do mundo. Era uma poeira, um deserto, muita sujeira. Pouco contato havia tido desde São Paulo com meus colegas peregrinos. A verdade é que eu havia sobrevivido a três decolagens, três altitudes de cruzeiro e três aterrissagens, e estava longe, muito longe de casa, diante de um cenário que ainda me parecia inverossímil.

Sou uma pessoa bastante introspectiva e discreta, apesar da profissão exigir uma personalidade comunicativa, o que me custa muito. Diante do desconhecido e de desconhecidos, minha tendência natural é me fechar em meu mundo. Ficar muda e observar. Mas eu fazia parte de um grupo, não viajava sozinha. Integrar-me àquela realidade não era questão de escolha. Era imperativo. Portanto, daquele momento em diante, tudo o que eu precisava era aprender a fazer do limão uma caipirinha bem boa. Aproveitar, me enturmar, me divertir. E sobreviver.

E a sobrevivência, em situações críticas, eu sempre encontrei ao escrever. Escrever é uma fórmula mágica capaz de me fazer compreender minha profissão, minhas viagens, meus relacionamentos, minha vida. Eu sempre escrevi para me entender – a mim e ao mundo. A salvação, percebi, estava no notebook que eu levava na mochila.

Durante os 14 dias que durou a viagem de peregrinação religiosa por Egito, Jordânia e Israel, enviei e-mails diários para minha família descrevendo em detalhes cada passo da jornada. Só perceberia, já de volta, em casa, que foram naqueles despretensiosos relatos que este livro começava a ser escrito.

4

CAIRO
SEXTA-FEIRA, 15 DE OUTUBRO
DIA 3

Em meu primeiro amanhecer no Radisson Blu, um hotel cinco estrelas do Cairo, me senti o próprio Mr. Roarke na Ilha da Fantasia. O elegante hotel não condiz em nada com a realidade que vi abestalhada pela janela do ônibus. O Cairo, ora, veja só, é de uma miséria, uma sujeira, um desleixo, uma imundície. Crianças brincam sobre montanhas de entulhos, miseráveis dormem em cima desses entulhos, e esses entulhos entopem bueiros, trancam ruas, deslizam na água podre de arroios que cortam algumas ruas da cidade.

É tanto entulho que existe até uma comunidade de 50 mil pessoas que sobrevive graças à coleta e à reciclagem de 90% do lixo do Cairo. São os Zabbaleen (palavra árabe para "catadores de lixo"). Eles moram na região de Zabbaleen, também conhecida como Cidade do Lixo, toda construída com o dejeto dos outros. As casas dos Zabbaleen têm água quente, luz elétrica e gás graças a uma iniciativa da ONG americana Solar Cities, que ajudou a comunidade a construir aquecedores solares – placas feitas com canos de ferro e chapas de alumínio de latas recicladas que aquecem a água que percorre os canos. Ou seja: 50 mil egípcios contam com eletricidade e banho quente em casa graças ao lixo produzido no Cairo.

O Deserto do Saara abrange uma grande parte do Egito, país composto de 95% de deserto e apenas 5% de área habitada. Então, vira e mexe, a paisagem é areia e areia e areia. E essa areia levanta e entra nos olhos. Essa areia levanta e deixa o cabelo uma palha. Essa areia suja os sapatos, suja muito a roupa e os sapatos. E fica entranhada na pele. Para agravar ainda mais a situação, faz um calor que ultrapassa os 42 graus. E não há paisagem que ajude a dar refresco. As mulheres muçulmanas andam cobertas dos pés à cabeça. A maioria veste preto, já que preto é a cor do respeito. Oitenta e quatro milhões de pessoas vivem no Egito – 80% muçulmanos e 20% cristãos.

Cheguei à conclusão de que o empurra-empurra dos peregrinos para entrar no ônibus na volta dos passeios não era falta de educação generalizada, mas medo, muito medo, de serem esquecidos e ficarem para trás. Não é à toa que usavam crachá de identificação com explicações em português de como fazer chamada a cobrar para o Brasil e lenço amarelo pendurado no pescoço. Tudo começou a fazer mais sentido nesse primeiro dia de excursão religiosa.

Procurei me despir de todo e qualquer preconceito de viajar em grupo. Eu, que sempre preguei o "saia por aí sozinha e faça você a sua viagem e o seu destino", agora andava feito ovelha em rebanho atrás da bandeirinha do Brasil. Mas resolvi fazer dessa peregrinação um crescimento espiritual, ou algo assim, e policiei ao máximo o meu senso crítico. Não era fácil. Sobretudo quando, às sete da manhã, o guia egípcio Tobias resolveu pegar o microfone do ônibus e gritar animado em português de Portugal:

— Bom dia, Brasil!

E os peregrinos resolveram responder, ainda mais animados:

— Bom diaaaaa!

Dos 84 milhões de habitantes do Egito, 20 milhões vivem no Cairo. É muita gente. Os paulistas reclamam do trânsito de São Paulo, não reclamam? Pois sugiro que deem uma voltinha pelo Cairo na hora do rush. Não existe sinaleira, e o que impera é a lei do mais forte, ou, como eles preferem chamar, o "self service". Cada um vai a seu ritmo e à sua buzina.

E o lixo segue por toda parte. Para piorar, não chove no Egito. Então, toda a areia, toda a poeira e todo o lixo de um país que é 95% de deserto e apenas 5% de área habitada vai se acumulando, acumulando, acumulando, deixando todo mundo com aspecto encardido.

Muitos, mas muitos prédios, com três, quatro andares, estão inacabados. Foram colocados tijolos à vista até determinada parte da construção e só. Na maioria, falta o telhado, o teto. Em outros, a janela, a porta. A impressão é que as pessoas começaram a erguer suas casas e abandonaram tudo pela metade. Mas não é nada disso. Famílias inteiras vivem nesses prédios inacabados como forma de driblar os altos impostos do governo do ditador Hosni Mubarak.

A lei egípcia prevê cobrança de impostos residenciais assim que o cidadão deposita a última camada de cimento na fachada do prédio – dando a entender que a construção está terminada. O que acontece então? Ninguém termina de construir exatamente para não pagar o imposto. Trata-se de uma lei antiga, elaborada pelo partido comunista egípcio, que determinou que o Estado compraria cimento e venderia para o povo pela metade do preço. Tudo ia muito bem até que esse mesmo Estado resolveu não querer mais gastar dinheiro com cimento e começou a crescer o olho para as construções a fim de engordar seu caixa. Quis cobrar impostos do povo pelas casas e prédios finalizados. E o egípcio concluiu que, não terminando a casa, não pagaria imposto. Já que não chove mesmo no Egito, telhado pra quê? Teto pra quê? Já que o Egito é encardido mesmo, pra que pintar o prédio? Pra que porta e janela?

Faz parte da tradição egípcia os pais comprarem o terreno onde será construída a casa em que todos moram juntos – mesmo depois do casamento dos filhos. Quando o primogênito se casa, o pai constrói o primeiro piso para ele viver com a esposa. Quando o segundo filho se casa, o pai constrói o segundo piso, e assim sucessivamente. É uma maneira de manter a família unida, mas mais do que isso. É uma forma de economia bárbara, já que, com a compra de um único terreno, é possível abrigar todos os filhos, genros, noras e netos numa espécie de empilhamento familiar.

Chegamos às pirâmides exatamente uma hora depois da saída do hotel, às oito em ponto. Precisei de alguns minutos sozinha, afastada daquele turbilhão de turistas e ônibus para perceber que, sim, eu estava diante de uma das Sete Maravilhas do Mundo Antigo, as Pirâmides de

Gizé. A maior delas, a Pirâmide de Quéops, também conhecida como a Grande Pirâmide, foi construída para ser a tumba do Faraó Quéops, da quarta dinastia. Sua altura original era de 146,60 metros. Hoje, mede 137,16 metros, já que falta a parte do topo e o revestimento. Foi erguida com cinco milhões de pedras e calcula-se que tenha exigido uma força de trabalho de cerca de 100 mil pessoas durante 20 anos. Só com as pedras da pirâmide de Quéops daria para construir um muro de um metro de altura, com blocos do tamanho de tijolos, que cercaria a Terra.

A guardiã das Pirâmides de Gizé é a não menos famosa Estátua da Esfinge, símbolo da inteligência e sabedoria humana com a força do leão. Já que eu estava mesmo inserida nesse contexto de turista vivendo 24 horas por dia como turista, lá me fui, bem bela, registrar minha presença em frente à Estátua da Esfinge. Tinha tudo para ser um procedimento fácil. Eu me postaria em frente à estátua, e o Padre Tito faria a foto. Uma coisa rápida, ninguém sabe, ninguém viu. Só que foi muito, mas muito mais complicado. E todo mundo viu.

Quando dei por mim, estava cercada de crianças egípcias suadas e ranhentas vendendo toda sorte de suvenires. Elas faziam um círculo em volta de mim, me agarravam pelos braços e pernas, me sacudiam de um lado a outro, puxavam meu cabelo, pulavam com os braços para cima e gritavam: Shakira! Shakira! Shakira!

SHAKIRA?!

Se algo simplesmente não pode dar errado, dará de qualquer forma, já dizia uma das Leis de Murphy.

Almoçamos em um restaurante típico de turistas, daqueles em que os ônibus se amontoam na porta e despejam lá dentro centenas de viajantes do mundo inteiro. Eu ia me dar de recompensa uma cervejinha bem gelada até descobrir que a cerveja era sem álcool. No Egito, está proibida a venda de bebida alcoólica, e os poucos estabelecimentos que optam por oferecê-la pagam uma taxa altíssima para o governo. Para compensar a falta de uma droga, os egípcios optam por outra: o cigarro. Fumam feito condenados, e a cidade do Cairo é um verdadeiro cinzeiro a céu aberto, com um acúmulo tão grande de bitucas que, ao atravessar a rua, é preciso dar um saltinho para subir na calçada sem afundar o pé nos milhares de tocos apagados no meio-fio.

O Canal de Suez é a principal fonte de renda do Egito, já que toda e qualquer embarcação de todo e qualquer país que ali quiser passar tem que pagar taxas para o governo. A segunda maior riqueza do Egito é o petróleo, ocupando a terceira posição do continente africano (atrás de Argélia e Nigéria). Isso explica por que um litro de gasolina custa 32 centavos e uma garrafa de água mineral não sai por menos de dois dólares. Toda a água do Egito vem do Rio Nilo. Água é artigo raro; gasolina, não. Para conter o crescimento descontrolado de carros, já que não existem estradas e poucas ruas são asfaltadas, o governo taxa o preço do automóvel lá em cima. Um carro no Egito custa o dobro do que em qualquer outro país.

Muita areia, muitos camelos, vendedores ambulantes, turistas e deserto depois, terminamos o dia com um jantar a bordo de um navio que fez um passeio pelo Rio Nilo, com direito a show de uma egípcia barriguda, flácida e cheia de estrias que parecia qualquer coisa menos uma bailarina de dança do ventre. Qualquer balanço suave de qualquer veículo em movimento (exceto avião) sempre provoca em mim toda sorte de devaneios. Eu vou para longe, muito longe. E estava distante, espiando pela janela do navio, quando tive as minhas fantasias interrompidas por uma peregrina. Dona Violeta, 86 anos, a senhora mais idosa da excursão, estava acompanhada da filha, Sandra, e do genro, Jairo. Compadeceu-se da minha "solidão" e resolveu se aproximar. Dona Violeta tinha viajado de avião pela primeira vez na vida, passou o dia inteiro caminhando sob o sol escaldante do Egito com o vigor de uma adolescente e não fazia outra coisa que não sorrir.

Diante da paisagem do Nilo, ela segurou meu braço, abortando meu sonho e me ancorando em terra firme:

— Não é lindo, minha filha, poder estar viva para aproveitar um dia encantado como esse?

Foi impossível não simpatizar de imediato com Dona Violeta.

5

CAIRO
SÁBADO, 16 DE OUTUBRO
DIA 4

É possível uma senhora de 86 anos parecer mais disposta do que uma jornalista de 37? Tratando-se do segundo dia de visitas ao Cairo e de Dona Violeta e Mariana, sim, é possível. Chegamos do jantar no navio bem tarde da noite, e eu estava morta e não sabia. Acordei exausta – e atrasada. Conclusão: perdi o café da manhã. Dona Violeta foi a primeira pessoa que encontrei no saguão do hotel, feliz e disposta.

— Dormiu bem, minha filha? — perguntou.

— Pouco, Dona Violeta. Ainda por cima, me atrasei e acabei perdendo o café da manhã.

No ouvido dos peregrinos, a frase "acabei perdendo o café da manhã" soou como uma morte anunciada. Já sobrevivi a um sem-número de vezes sem café da manhã, inclusive de propósito. Porém, percebi que, na cabeça dos peregrinos, pular qualquer refeição significa cruzar a porta para a antessala da morte. Menos de dois minutos após anunciar meu jejum, recebi um cutuco no ombro. Era o Jairo, genro da Dona Violeta, com uma maçã verde para mim tirada diretamente de dentro da mochila. No ônibus, um burburinho se estabeleceu, já que a Dona Violeta tratou de avisar em alto e bom som que a Mariana, pobrezinha, não havia tido tempo de tomar o café da manhã. Em poucos minutos, eu já contabilizava no colo dúzias de pacotinhos de bolachinhas que os peregrinos, por uma questão emergencial qualquer, tinham levado do avião. Era o grupo limpando seu estoque de sobrevivência em prol da sobrevivência da Mariana.

Sábado é dia dedicado à Virgem Maria, e a tradicional oração da manhã, que o Frei João e o Padre Tito recitavam diariamente quando nos deslocávamos ao primeiro passeio do dia, foi feita em homenagem à mãe de Jesus.

"Senhor, no início deste dia, venho pedir-Te saúde, força, paz e sabedoria..."

Todos sabem de cor e salteado a prece. Quem não sabe, lê no livro que faz parte do kit de viagem de um peregrino. Eu nunca tinha ouvido a oração da manhã e, para piorar, deixei o livro em Porto Alegre junto com o lenço com a bandeira do Brasil, o chapéu de cor cáqui, o crachá de identificação e a bolsa azul de turista. Enquanto eles rezavam em voz alta, eu meditava baixinho e ia pensando, observando as ruas pela janela do ônibus: "Então, o Egito é isso? Esse trânsito caótico, esse governo displicente, esse abandono, essa nojeira? Não há um parque arborizado no Cairo? Uma cafeteria bacana, um bistrozinho? Não existe uma Padre Chagas? Uma Oscar Freire? Uma Garcia D'Ávila? Um shopping? Uma Christian Dior? Uma Zara?".

Ninguém soube me responder.

Existe, sim, uma região mais limpinha e habitável do Cairo. É o bairro de Heliópolis, a chamada "parte nova" e "parte rica" da cidade. Não tem absolutamente nada demais, exceto grama no lugar de areia e sinalização no asfalto. Heliópolis foi fundada em 1902 pelo arquiteto belga Édouard Joseph Louis. No coração do bairro, ele ergueu uma casa que tinha em seu interior, estrategicamente posicionada, uma sala giratória. Todos os dias, Édouard sentava ali para tomar o seu chá da tarde. Enquanto a sala girava, ele apreciava suas criações em 360 graus. Quando morreu, os herdeiros venderam a construção para o governo, que manifestou a intenção de transformar o palácio em um museu de arte contemporânea.

Para contrastar com Heliópolis, existe a Cidade dos Mortos – a parte mais pobre do Cairo. A Cidade dos Mortos nada mais é do que um imenso cemitério da Idade Média. Como a população foi crescendo, a Cidade dos Mortos passou a receber os vivos também, ou seja, 43 mil pessoas sem moradia habitam casas sobre os túmulos, com luz e água encanada. Há mesquitas, escolas, butiques, vendedores ambulantes, polícia e eletricidade. Os desabrigados moram em meio às tumbas, enquanto os mortos continuam sendo enterrados ali. A Cidade dos Mortos é um bairro paupérrimo desse Cairo superpovoado em que vivos e mortos convivem numa miséria de dar dó.

Nossa primeira parada do dia foi na Mesquita de Mohamed Ali. Fazia um calor de matar às oito da manhã. Devido ao jet lag que não me abandonava, foi difícil querer prestar atenção em alguma coisa. Até porque não vi nada demais na Mesquita de Mohamed Ali. Para entrar, havia duas opções: tirar o sapato ou pagar um dólar (tudo custa um dólar) por saquinhos para ensacar os pés e preservar a limpeza da mesquita. Optei pela segunda alternativa. Entrei por uma porta e saí pela outra.

A segunda parada foi no Museu Egípcio para conhecer a tumba e as joias de Tutancâmon. O museu é tão grande e tão complexo que são necessários quatro meses para visitá-lo por inteiro. A sensação térmica dentro do Museu Egípcio devia beirar os 40 graus. Ar-condicionado nem pensar. Não se ouvia nada que o guia explicava, o empurra-empurra era generalizado. Após meia hora tentando ver e entender alguma coisa, fomos liberados para 15 minutos livres – e eu desci correndo escadaria abaixo, com a sensação de que uma crise claustrofóbica disparava atrás de mim.

Almoçamos em mais um daqueles restaurantes de turista, e comi pelo segundo dia consecutivo o mesmo prato: homus, babaganush, pão árabe. Só mudava um pouco o tempero de um restaurante de turista para outro restaurante de turista. Mas uma coisa era certa: por pior que fosse a comida de um restaurante de turista no Egito, era infinitamente mais saborosa (aliás, não tinha nem comparação) do que a servida pelos restaurantes árabes do Brasil.

A quarta parada foi na Igreja de São Sergio, onde se acredita que a Santa Família tenha se refugiado na fuga para o Egito. Embaixo da cripta, há uma escadaria estreita que leva até o esconderijo. Não sei muito o porquê, mas aquele lugar me magnetizou. Fui a última a sair dali, convocada pelo guia Robson sob pena de perder o ônibus.

Não sei o que me deu. Fiquei viajando, olhando aquela escadinha estreita que dava em um buraco embaixo da terra e imaginando pai, mãe e filho designados a permanecer dois anos sem poder colocar o nariz para fora. Foi a primeira vez que a imagem da Santa Família ganhou para mim contornos de gente de carne e osso.

A quinta e última parada (de um dia que, do alto da minha exaustão, eu pensei que não sobreviveria para contar) foi para acabar de vez com minhas forças físicas e mentais: o bazar árabe Khan El Kalili.

— Não comprem pelo preço que eles pedirem, negociem, não tirem todo o dinheiro da bolsa, cuidado com câmeras fotográficas, não deixem a carteira no bolso de trás da calça, não deem conversa — o guia Tobias desfiava um sem-número de recomendações antes de abrir a porta do ônibus.

Eram tantas orientações que, quando a porta do ônibus se abriu, parecia que eu tinha sido submetida a uma lavagem cerebral intensiva para a guerra. O bazar Khan El Kalili é 300 vezes mais tumultuado do que a 25 de Março, em São Paulo, na véspera do Natal. Ele está situado em ruelas estreitíssimas, com uma banca colada na outra e toda sorte de vendedores árabes falando e oferecendo de tudo ao mesmo tempo. É "marianamente" impossível aproveitar um passeio no bazar Khan El Kalili. Os vendedores não deixam ninguém em paz, principalmente mulheres. Sobretudo, brasileiras.

— Espanha, Itália, Brasil? Mira, mira, 20 dólar! Look, look! Una bolsa? Mira, Louis Vuitton! Buscas algo? Quer comer? Can I help you?

Aquele mantra repetido à exaustão foi atordoando a mente. Somado ao calor acumulado do fim de tarde que levanta da calçada, à poeira, ao bando de turistas falando ao mesmo tempo e andando em círculos, ao cansaço, à sede e ao fato dos vendedores não apenas falarem, mas cutucarem o meu ombro, comecei a ficar meio tonta. Bem tonta.

Achei por bem me afastar, recuperar o fôlego e voltar a me preparar física e mentalmente para a batalha de Khan El Kalili. Sentei na frente de uma mesquita, bebi uma garrafa d'água, coloquei algumas gotas no pulso, meditei e voltei a campo. Fui novamente atropelada por perguntas, calor e cutucadas. "Mas por que diabos eu preciso passar por isso?", pensei.

Havia uma resposta: a maior recomendação familiar que recebi antes de embarcar foi para colocar em prática meu sangue árabe de negociadora. E ali, à minha frente, não poderia existir cenário mais apropriado para a aplicação imediata de tal incumbência. O que meus familiares talvez tenham esquecido é que eu não só odeio como não sei negociar. Sou o tipo de pessoa que respeita o preço da etiqueta e jamais pede desconto para pagamento à vista. Só que eu estava no bazar Khan El Kalili, tudo indicava que jamais voltaria ali e comprar algo era questão de honra. Não havia escapatória, e sem escapatória decidi que meu objeto de negociação seria um camelo cheio de adereços coloridos que eu havia avistado repetidamente em algumas bancas. Parei em uma delas para olhar mais de perto.

— Speak english, speak spanish? — perguntou o vendedor.

— Spanish — respondi.

— Gostou do camelo? É de couro, não queima, é diferente desses outros de tecido por aí. Vou te mostrar — e acendeu um isqueiro para mostrar que o camelo não pegava fogo. — Viu? Gosta dessa cor? Olhe só, tem mais essas duas cores. Pegue na mão, olhe só, quer uma bolsa pra levar?

— Eu estou só olhando — respondi.

— Vou pegar uma bolsa pra você levar.

— Mas eu estou só olhando — insisti.

— Não pega fogo, é de couro, tem três cores, pode escolher.

— Quanto custa? — perguntei

— Trinta dólares.

Pois 30 dólares significava algo em torno de 50 reais. Era barato demais. Eu teria desembolsado os 30 dólares no ato e saído feliz da vida achando que tinha levado o camelo de graça. Mas precisava negociar e dizer que o camelo era um absurdo de caro. Não era exatamente o que eu queria, mas era o que minha família e os vendedores árabes esperavam de mim.

— Trinta dólares? É muito caro — me indignei.

— Mas o camelo é de couro, não é de tecido — alegou o vendedor.

— Mas eu acho caro — menti.

— Quanto você quer pagar? — ele perguntou.

"E agora? Quanto eu quero pagar? Sei lá! Eu pago o que for pra me ver livre desse tormento", pensei. Mas tinha que dizer algo.

— Dez dólares — disse.

— Não! O camelo é de couro. Eu proponho vinte e cinco — ele devolveu.

— Muito caro. Pago quinze.

— Vinte.

— Por vinte não quero — rebati.

O vendedor ficou me encarando em silêncio. Eu também estava muda. E agora? A tática, segundo me ensinaram, era dar de costas e sair andando, fazendo um certo ar de ofendida. Foi o que fiz. Virei as costas e saí. Conforme também me ensinaram, os vendedores tinham o hábito de vir correndo atrás da gente e vendiam a mercadoria pelo preço que a gente queria pagar. Mas aquele vendedor não veio atrás de mim. A uns 20 metros de distância da banca, eu ainda dei uma leve olhadinha para trás, e lá estava ele, imóvel, me observando ir embora. Eu não sabia o que tinha dado errado.

A única coisa que eu sabia era que aquela negociação toda tinha gerado uma espécie de enxaqueca do lado esquerdo da minha cabeça. Eu não queria mais brincar. Só queria voltar para a Ilha da Fantasia do hotel Radisson Blu, tomar um banho e ficar quietinha no meu canto. Mas seria deserdada se dissesse que saí do bazar Khan El Kalili sem conseguir negociar nada. Voltei a sentar na muretinha em frente à mesquita e resolvi me aconselhar via torpedo com a Lulu, minha irmã turca, e com o Chico, o marido-negociador.

A primeira resposta, a do Chico, foi: "Se tu gostou, compra. Mas negocia. Oferece 10% do que te pedem".

Não ajudou muito.

A segunda resposta, a da Lulu, teve a mesma diretriz, eu diria que só um pouco mais enfática: "Vai pro tudo ou nada! Aproveita pra testar os teus limites como negociadora! Olha nos olhos pra sacar as reações! Fala firme! Sai vencedora! Tu é neta de Kalil Abdala Kalil! NÃO NOS ENVERGONHE! Boa sorte".

Peguei a direção da banca do camelo sem olhar para trás. Aquele vendedor desgraçado ia ver só com quem estava falando. Caminhava a passos firmes quando, no meio do caminho, avistei um camelo diferente, que ainda não tinha reparado em nenhuma outra banca. Aquele camelo de couro enfeitado era típico arroz de festa, tinha em todas as bancas. Esse não. Esse era de madeira, exclusivo. Entrei na loja e um senhor de mais idade se aproximou. Ia começar tudo de novo.

— Posso ver aquele camelo da vitrine? — pedi.

— Aqui está — disse ele, impressionantemente calmo e bem educado para um vendedor árabe do bazar Khan El Kalili.

— Quanto custa? — eu quis saber.

— Quarenta dólares.

Quarenta dólares era algo em torno de 70 reais. Era de graça. Mas eu tinha que negociar. E chutei lá embaixo.

— Pago quinze — ofereci, bastante envergonhada da minha própria proposta.

— Por quinze você leva este (e me mostrou um camelo desmilinguido). Este aqui custa quarenta dólares.

— Vinte — rebati.

— Vejamos: você quer pagar vinte, e eu quero quarenta. Então, fechamos em trinta e cinco — sugeriu.

Eu tinha chegado a um estado de tamanha exaustão mental que não queria mais conversa sobre dólares e camelos. Só queria comprar o maldito camelo pelo preço que fosse e ir embora.

— Dezoito dólares — arrisquei.
— Trinta — ele respondeu.
— Vinte e cinco — devolvi.
— Ok, vinte e cinco — ele concordou.

Então, eu, que nunca tinha barganhado nada na vida, que nunca peço desconto para pagamento à vista, havia, naquele fim de tarde de outono do Cairo, negociado um camelo de 40 dólares por 25. Era uma vitória para entrar para os anais da minha história. Botei o camelo de madeira debaixo do braço, atirei os cabelos para trás, empinei o nariz, levantei o queixo (acho que até uma leve reboladinha eu dei) e saí daquele mercado me achando.
Me achando a turca mais falsificada da face da Terra.

6

CAIRO – MONTE SINAI
DOMINGO, 17 DE OUTUBRO
DIA 5

    E então Moisés estendeu a mão sobre o Mar Vermelho, obedecendo às ordens do Senhor. A água do mar recuou, formando duas muralhas. O mar secou, e o povo de Israel pôde passar pelo caminho aberto, fugindo das tropas do faraó egípcio. O Senhor ajudou mais uma vez, travando as rodas dos carros dos soldados e evitando a perseguição. Tomados de pavor, os egípcios não tiveram outra saída: "Vamos fugir, pois o Senhor está com eles".

    Essa passagem bíblica foi contada pelo Padre Tito durante a viagem do Cairo ao Mosteiro de Santa Catarina. Percorremos o Caminho do Êxodo e, 45 minutos após a partida do hotel Radisson Blu, fizemos uma parada em Mara, no Deserto do Sinai, onde Moisés chegou a pé, cansado, com fome, com sede e com sono, liderando o povo hebreu em uma viagem que durou três dias. Sentamos na borda do poço onde eles, enfim – segundo a Bíblia –, encontraram água. Só que a água era salgada. O povo reclamou, reclamou muito de Moisés. E não restou a ele outra alternativa que não recorrer ao Senhor.

— Estenda o galho daquela árvore sobre a água. Toque com o galho nela, e a água se fará doce — disse o Senhor.

E assim se fez.

A peregrinação desse domingo começou às oito da manhã em ponto, quando o ônibus arrancou sem olhar para trás.

— Adeus, Cairo! — disse o guia Tobias.

"Graças a Deus!", pensei comigo.

— Gostaram do Cairo? — perguntou, animadíssimo, o guia Tobias.

— Siiimmm! — responderam os peregrinos em coro.

— Nãããaooo! — murmurei, enquanto espiava pela janela.

Minha pergunta que não queria calar sobre "onde, afinal, vivem os ricos do Cairo?" foi logo respondida na saída da cidade, em condomínios fechados ao longo dos dois lados da rodovia. Os ricos do Cairo vivem reclusos, em residências cercadas por muros, com escolas de língua inglesa à disposição dos filhos, como a Cairo English School e a St. John American School. Falando o bom português: os ricos do Cairo vivem bem longe do Cairo, de toda aquela miséria, pobreza, imundície e de uma energia que parece não se renovar. Nosso trajeto incluiu a passagem pelo túnel de dois quilômetros sob o Canal de Suez e foi o mesmo trilhado por Moisés há cinco mil anos, quando ele partiu do Egito rumo à Terra Prometida.

Mais uma vez, Padre Tito recorreu ao microfone para desfiar os privilégios de ser um peregrino. Enquanto eu ouvia, pensava que a minha melhor iniciativa como peregrina até então tinha sido colocar a sapatilha Crocs de borracha na mala, meu it-shoe indispensável para encarar tanta areia e sujeira.

O Canal de Suez é um canal artificial inaugurado em 1869, onde o Mar Vermelho encontra o Mar Mediterrâneo. Liga o Porto Said, porto egípcio no Mar Mediterrâneo, a Suez, no Mar Vermelho. Tem 163 quilômetros de extensão. Estima-se que um milhão e meio de egípcios tenham participado de sua construção e que 125 mil morreram durante o processo, principalmente de cólera. A construção do Canal de Suez teve um custo de 17 milhões de libras esterlinas. Os defensores do projeto argumentaram que o canal diminuiria a distância entre a Europa e o sul da Ásia. Os navios que partiam do Mar Mediterrâneo não precisariam mais circundar a África e contornar o cabo da Boa Esperança para chegar aos oceanos Índico e Pacífico.

Após duas horas de viagem, fizemos uma parada em um bar de beira de estrada, onde custava um dólar para cinco mulheres usarem o banheiro, custava um dólar um pacotinho de balinhas de menta, custava um dólar um picolé de manga e custava um dólar uma garrafa de água. Foi tudo o que eu gastei no bar de beira de estrada do Egito.

— Vamos afinar a altura do canto em ré maior! — convocou o Padre Tito na volta ao ônibus e à viagem.

A orientação era para cantar a música 13 do mesmo livro que, ao que parece, eu fui a única que deixou em Porto Alegre. Dentro do ônibus, só se viam os peregrinos com seus livros a postos. Aliás, nem sei por que eles ainda abriam os livros, já que sabiam todas as letras das músicas de cor.

Também sou teu povo senhor
E estou nesta estrada
Somente a tua graça
Me basta e mais nada.

O almoço sagrado de domingo foi seguido de uma oração feita pelo Frei João em um resort onde paramos no meio do caminho. Um resort do Cairo nada mais é do que um parador com um restaurante meio às moscas, mas com uma linda vista para o Mar Vermelho. Comi peixe assado, melão de sobremesa e pedi água mineral só para levar de recordação a garrafinha de vidro verde com palavras em árabe. Os 20 minutos restantes eu gastei molhando os pés na água salgada e catando conchinhas na areia molhada. Chegamos ao Mosteiro de Santa Catarina às quatro da tarde. Deixamos as malas no ônibus e separamos apenas uma muda de roupas para o dia seguinte. Tínhamos duas opções para a noite: jantar e dormir ou jantar, tirar um cochilo e passar a madrugada (da meia-noite às oito da manhã) subindo e descendo o Monte Sinai, onde Moisés leu os dez mandamentos para o povo hebreu.

Eu simpatizo muito com Moisés. Ele viveu em um contexto no qual o povo israelense subsistia mergulhado em uma ignorância espiritual. Não havia disciplina, não havia respeito, não havia ética. A carência de preceitos morais era total. Como Moisés tinha a missão de guiar o povo da escravidão no Egito até a Terra Prometida, precisava impor uma certa ordem, já que, durante a jornada, atravessando desertos, com fome, sede, frio e calor, o povo não raro se rebelava contra o profeta, perdia a fé e partia para a ignorância. Daí a necessidade da criação de uma legislação que todos respeitassem: os dez mandamentos.

Das mãos de Deus e aos pés do Monte Sinai, Moisés recebeu os dez mandamentos – inscritos em duas tábuas, as Tábuas da Lei. Segundo uma corrente de pesquisadores, várias das leis consideradas divinas seriam, na verdade, de natureza social e humana. Moisés era um grande legislador, mas, acima de tudo, precisava mais do que nunca convencer seus seguidores de que todas as leis tinham sido ditadas por Deus – ou a rebelião seria total. Esse conhecimento tornou ainda maior meu sentimento solidário ao pobre Moisés. Coitado. Andar dias e noites a pé pelo deserto, sem ter onde dormir, sentindo frio e calor, com sede e com fome e ainda tendo que levar no costado um bando de gente reclamona deve ter sido uma provação. Achei digno de minha parte – sobretudo porque eu fazia o mesmo trajeto em um ônibus com ar-condicionado – pelo menos passar a madrugada subindo e descendo o Monte Sinai para mostrar a Moisés, onde quer que ele estivesse, que eu partilhava dos seus dissabores.

Passar a madrugada no Monte Sinai significa subir seis quilômetros de ida, chegar ao topo, ver o nascer do sol e descer seis quilômetros de volta. O percurso não é feito em linha reta, mas seguindo os passos de um beduíno. Metade do caminho é rampa; outra metade são degraus: 750. É necessário lanterna, casaco para frio, muito fôlego e, prioritariamente, não sofrer do coração.

— No ano passado, um senhor morreu no meio do caminho — contou o guia Robson, como quem conta que faltou um pouco de sal na comida.

— Como assim? — dei um salto lá de trás do ônibus.

— Acho que ele se emocionou, não sei. Parece que tinha algum problema cardíaco que desconhecia. Daí, não aguentou e pum. Morreu.

Fiquei ressabiada. E se eu tivesse algum problema cardíaco e não soubesse? E se eu tivesse um piripaque no alto do Monte Sinai? Quem é que ia me tirar de lá? Um camelo? Fui para o quarto do mosteiro, abri a porta da sacada, estendi a esteira de ioga e fiz uma hora de prática como preparação física e espiritual para a grande noite. Moisés não se mixou, eu não ia me mixar. Jantei no refeitório e voltei para o quarto almejando a sesta restauradora. Quando acordei, por volta das onze da noite, faltava uma hora para baterem na porta recrutando os peregrinos corajosos. Foi quando fui acometida pela dúvida: ir ou não ir?

"Estou aqui e provavelmente nunca mais vá voltar. É minha única chance. Vou".

"Vou passar a madrugada em claro, amanhã meu corpo vai estar todo dolorido após doze quilômetros entre subidas e descidas e vou amargar dois dias tentando me recuperar, provavelmente não suportando meu próprio mau humor. Não vou".

"Eu faço seis quilômetros em quarenta minutos na esteira e sobrevivi aos quatrocentos degraus romanos da escadaria de Capri debaixo de sol. Agora, pelo menos, a madrugada vai estar fresquinha. Vou".

"Mas quem foi que disse que eu preciso passar por essa provação? Não vou".

Resolvi mandar um torpedo para o Chico.

— Que doideira é essa? Quem vai coordenar essa missão? — ele quis saber.

— Fica tranquilo, tem a presença de um beduíno — tentei tranquilizar a ele (e a mim mesma).

— Lembra da nossa lição em Capri, hein? Não fica inventando moda.

— Quando eu chegar lá em cima e o sol estiver nascendo, vou pegar bastante energia pra gente. Se tiver sinal no celular, te ligo — romanceei.

— Tá bem. Quando estiver no alto do monte de Moisés, fala comigo.

Permaneci deitada na cama, olhando para o teto. Faltavam 15 minutos para o início da missão, e eu comecei, de novo, a amarelar. Voltei a consultar o Chico por torpedo:

— Acho que vou desistir desse negócio — escrevi.

— Onde é que tu tá?

— No quarto, com um pouco de preguiça de caminhar a madrugada inteira. Por outro lado, sei que é a única chance de viver essa experiência, já que nunca mais vou voltar aqui. Vou me sentir uma fracassada se não seguir os passos de Moisés. Ele precisa saber que sou solidária a ele.

— Ah, por favor, Mariana! Moisés não precisa saber de nada e tu não precisa te sentir fracassada! Não há necessidade de fazer nada forçado. Tu tem que fazer o que tem vontade, sem culpa.

— Ok, vou pensar mais um pouco.

— Quer saber o que eu acho? Se tu tá na dúvida, não vai. Não precisa. Não vai!

Não vai e ponto de exclamação! Era o sinal divino que eu precisava ouvir. Tirei a roupa de escalada e me enfiei dentro do pijama. Faltando cinco minutos para o início da missão, eu tinha morrido na praia.

Ou melhor: aos pés da montanha de Moisés.

7

MOSTEIRO DE SANTA CATARINA
SEGUNDA-FEIRA, 18 DE OUTUBRO
DIA 6

O despertador do celular tocou às sete da manhã, antes do camareiro bater na porta. Eu abri os olhos, aliviada: escapei da maior roubada do mundo, pensei. Obrigada, Senhor, obrigada, Chico, por iluminarem meu juízo. Tomei banho de gato no boxe do banheiro onde cabia meia Mariana e desci para o café da manhã no refeitório. Mal passei da porta, fui interpelada pelo Padre Tito.

— E então, como foi? — ele quis saber.
— Minha noite de sono? Foi ótima — respondi.
— Mas tu não subiu o Monte Sinai?
— Não, padre. Desisti.
— Mas como é que uma jornalista não sobe o Monte Sinai? — ele provocou.
— O senhor subiu o Monte Sinai? — eu quis saber.
— Claro que não!
— Como é que um padre não sobe o Monte Sinai?

Sentei sozinha perto da janela, me servi de duas taças de Nescafé, comi um pão fofinho com mel e comecei a observar ao redor. Percebi que os peregrinos que estavam ausentes às oito da manhã no refeitório eram justamente os mais desajuizados do grupo. Tomei a decisão certa, pensei. Eles estão desde a meia-noite peregrinando por uma montanha e, quer saber, quem é que garante que Moisés subiu lá mesmo?

Os peregrinos desajuizados que subiram e desceram o Monte Sinai chegaram destroçados ao mosteiro e perderam o passeio da manhã. Apareceram diante de nós às quinze para as nove, com aquele sol de deserto na cabeça. Pareciam um bando de zumbis saídos do *Thriller*, do Michael Jackson. Não tinham força para dizer qualquer palavra. Foram para o quarto tomar banho e descansar por duas horas antes da partida. Durante essas duas horas, nós, os peregrinos de mais juízo, os bem-dormidos, fomos ao convento de Santa Catarina. A visita ao convento só valeu porque eu resolvi subir em um camelo. Estava há dias ponderando a subida ou não no camelo. Eu já tinha amarelado na subida ao Monte Sinai. Seria de última categoria amarelar uma subida no camelo. Além do mais, depois de dormir no meio de um deserto, eu precisava completar a saga e subir em um camelo. Seria a primeira coisa que me perguntariam na volta a Porto Alegre, eu tinha certeza. Ninguém se lembraria de me perguntar se eu tinha me esbaforido ao subir o Monte Sinai. Mas todo mundo ia querer saber se eu tinha subido em um camelo.

Sim, subi no camelo.

O camelo não deu nenhum passo. Ficou estático. Enquanto isso, eu abanava, levantava um pé, levantava outro. Achei, por fim, que a palhaçada estava de bom tamanho, que as fotos estavam garantidas – e quis descer.

— Mais um pouco em cima — disse o vendedor ambulante, dono do camelo.

— Eu quero descer — pedi, montada no camelo estático.

— Custa um dólar. Ficar mais um pouco em cima — mandou o vendedor.

— Eu não quero "mais um pouco em cima". Eu quero descer! — gritei.

Eu estava ficando histérica. Comecei a fantasiar que aquele camelo ia sair em disparada e meu bom senso não conseguiu mais alcançar meus devaneios.

— Vai ficar um pouco mais em cima, sim! — decretou o dono do camelo.

— Me tira agora daqui! Me tira daqui, me tiraaaaa daquiiiiii! — comecei a berrar.

— Não — disse ele, de braços cruzados.

— Rute, manda esse egípcio desgraçado me tirar daqui!

— Calma, Mariana! — tentava me tranquilizar a Rute, com minha câmera fotográfica na mão, registrando toda aquela cena. — Fica calma que agora o camelo vai ajoelhar, deitar e tu já vai descer.

Tentei me acalmar. A questão é que ninguém me avisou que, para ajoelhar, o camelo precisava primeiro atirar o corpo para trás. Ele não chegava a tirar as patas dianteiras do chão, mas meu grau de insanidade era tanto que eu me vi montada em um cavalo petiço empinado e selvagem.

— Não, não, não, não! — eu repetia, de olhos fechados, desesperada.

Quando acordei dos devaneios, o pobre do camelo, um gentleman, estava ajoelhado. E eu, visivelmente envergonhada, me achando um ser humano indigno de subir em um animal de educação milenar, tão generoso, tão meigo e tão dócil.

Bem menos dócil, por exemplo, foi a Frida. A Frida se deu conta de que o meu lugar no ônibus era melhor do que o dela, pois a janela era maior. O que fez a Frida? Pegou o meu lugar. Eu percebi, mas não falei nada. Mas a Janete, amiga da Frida, se aproximou de mim e disse, na frente da Frida, que a Frida tinha roubado o meu lugar.

— Não tem problema — eu respondi. — Aqui atrás também tá ótimo.

— Mas essa janela é melhor, tu é jornalista e gosta de tirar fotografia — insistiu a Janete.

— Não te preocupa — respondi. — Eu me viro aqui.

— Ô, Frida! Ela gosta de tirar fotografia durante a viagem, e esse lugar é o dela.

— Este lugar não é dela. Isso aqui é uma democracia. E agora este lugar é meu — decretou a Frida para fim de conversa.

Percebi que, no meio do rebanho de peregrinos educados e obedientes, havia algumas cabritas malcriadas. A Frida era uma delas. Três dias antes, a Frida havia entrado em uma loja de joias e comprado 100 dólares em peças. Eu estava almoçando no restaurante ao lado quando ela desviou de todas as mesas, correndo e suando, se aproximou e quis saber:

— Mariana, tu fala inglês?

— Sim — respondi.

O vendedor da loja de joias havia passado errado o valor do cartão de crédito da Frida. Em vez de cobrar 100 dólares, havia cobrado 1.300. Na hora, a Frida não se deu conta. Mas, quando saiu da loja em direção ao restaurante e foi guardar o comprovante na bolsa, quase teve um AVC. Quem poderia ajudar a Frida a recuperar os dólares perdidos? A Mariana, como, de fato, a Mariana ajudou. E agora, como retribuição, a Frida havia tomado o lugar da Mariana no ônibus. Já a Janete, amiga da Frida, havia raptado a Mariana no saguão do hotel Radisson Blu, no Cairo, minutos antes da partida para o Mosteiro de Santa Catarina.

— Mariana, tu fala inglês, né?

— Sim — respondi.

— Então, vem aqui — ordenou ela.

E me conduziu pelo braço até a recepção.

— Minha sandália desapareceu do quarto — começou dizendo. — Eu e a Frida procuramos por tudo, mas ela sumiu. Eu fiz e desfiz a mala, olhei embaixo da cama e nada. Eu quero que tu explique isso pro recepcionista, mas quero que tu diga a ele que não é pelo valor que eu estou fazendo a reclamação. Afinal, só custou quarenta dólares. Quero fazer essa reclamação pelo gesto. Sabe como é, né? Hoje, é uma sandália; amanhã, é uma joia. Tá entendendo?

Expliquei ao recepcionista, com uma calma inversamente proporcional à metralhadora verborrágica da Janete, que a Janete havia perdido a sandália no quarto e se ele podia fazer o favor de dar mais uma olhada embaixo da cama. Enquanto a Janete falava em português no meu ouvido, eu traduzia para o inglês para me fazer entender pelo recepcionista. Obviamente, não repetia o mesmo discurso. Mas, sim, tudo acontecia ao mesmo tempo.

— Minha senhora, a sandália estava embaixo da cama — disse o recepcionista, dez minutos depois, com a sandália de pedrinhas da Janete na mão.

— Ai, meu Deus! — gritou a Janete. — Frida! Frida! Fridaaaa! A sandália, Frida!!

Nessa turma de peregrinos, também existia a Celeste. A Celeste não havia dirigido a palavra a mim até então, e eu nem sabia da sua existência. Na parada do ônibus entre o Cairo e o Mosteiro de Santa Catarina, no entanto, a Celeste comprou vários cartões-postais. Espiou atrás de cada um deles e só então se deu conta de que a descrição das imagens estava escrita em árabe e em inglês. Lá estava a Mariana, admirando o horizonte desértico e comendo seu picolé de manga quando se aproximou a Celeste. E pela terceira vez na peregrinação...

— Mariana, tu fala inglês, né?

— Sim — murmurei.

— Pois eu comprei esses postais — e abriu a tripa inteira que se estendia do alto da cabeça até o chão — e agora não entendo nada. Detesto chegar ao Brasil e não saber explicar para as pessoas o que são essas fotos. Então, me faz um favor, minha filha: aqui está a caneta. Escreve para mim?

Ainda bem que existia a Rute. A Rute simpatizou comigo logo na chegada, no aeroporto do Cairo. A Rute era loira, de cabelo curtinho, olhos azuis, tinha dentes separados e usava óculos. Devia ter uns 60 anos. Tinha ficado viúva havia cinco e falava no marido com uma saudade que eu não quero sentir. Mas ela estava sempre rindo, sempre alegre. Era boa a energia que vinha dela, uma daquelas pessoas que dá sem esperar nada em troca. A Rute me ajudou a sair de cima do camelo e foi minha companheira de almoço na viagem entre o Mosteiro de Santa Catarina e a fronteira do Egito com Israel. Sentamos no restaurante de um outro resort, bem mais bonito do que o primeiro, e eu me servi de frango, homus, pimentão, cebola e batata. Não satisfeita, ao término da última garfada, peguei no buffet mais um pratinho de massa com molho de tomate.

— É sempre bom, Mariana — disse a Rute, vendo minha cara contrariada comigo mesma diante da gula repentina. — Uma dose extra de carboidrato nunca é demais. Dá energia.

A partir desse dia, passei a enxergar a Rute com outros olhos, meio desconfiada dos seus dons premonitórios. As palavras da Rute soaram como o prenúncio de uma sucessão de contratempos que eu não tinha imaginado passar – e que exigiria de mim não apenas uma, mas várias doses extras de carboidrato.

8

FRONTEIRA EGITO–ISRAEL–JORDÂNIA
SEGUNDA-FEIRA, 18 DE OUTUBRO

Eu devia ter imaginado que passar pela fronteira de Israel e de mais dois países árabes em uma única tarde não seria tarefa simples. De fato, não foi. Fazia um calor de 39 graus à sombra quando o ônibus que nos trazia do Mosteiro de Santa Catarina nos despejou na porta de saída de Taba, a cidade egípcia que faz fronteira ao sul com Israel. Entramos em uma fila gigantesca, com mochilas nas costas e malas arrastando, debaixo de um sol a pino. A fila não andava, o suor escorria pelo corpo. Peregrinos de todos os cantos do mundo deixavam a mala guardando seus lugares na fila para se jogarem debaixo de alguma sombra mais próxima – entre eles o Padre Tito, que se atirou debaixo de um arbusto, sem sapato nem meia. Enquanto isso, nós avançávamos a passos de tartaruga, perseguindo a desidratação. Após uma hora e meia daquele castigo, quando finalmente meu passaporte foi carimbado com o visto de saída do Egito, comemorei mais faceira que mosca em tampa de xarope. Mas, como diz uma das sábias Leis de Murphy, "acontecimentos infelizes sempre ocorrem em série". Não imaginava que o pior me esperava 50 metros à frente, na imigração de Israel.

Seguimos em fila indiana. Dessa vez, porém, em uma sala com ar-condicionado. Lá na frente, eu podia avistar três policiais israelenses, umas meninas que não deviam ter mais do que 21 anos, nos esperando para o interrogatório.

— Vão fazer algumas perguntas pra vocês — avisou o guia Tobias, enquanto a fila andava. — Respondam de forma breve, não deem muita explicação — aconselhava.

— Mas vão perguntar em qual língua? — quis saber a Celeste, a da tripa de cartões-postais, que vinha logo atrás de mim batendo com a mala no meu calcanhar e com um cavaquinho, que havia comprado no mercado árabe, na minha cabeça.

— Vão perguntar em inglês — respondeu o guia.

— Mas eles têm é que falar a nossa língua! — protestou o Vitor.

Atrás do Vitor, vinha o Pedro. O Pedro era mineiro e viajava na companhia da mulher, Ana Lúcia. O Pedro e a Ana Lúcia fizeram parte da turma de peregrinos desajuizados que subiram até o Monte Sinai. Mas só chegaram até a metade do percurso, já que o Pedro tinha uma placa de platina no fêmur e não aguentou a outra metade da indiada. No meio do caminho ao Monte Sinai, o Pedro encontrou um cajado. E, desde que desceu o Monte Sinai, o Pedro não soltava o tal do cajado. Eu acreditava que o Pedro tinha incorporado o profeta. O Pedro acreditava que era a encarnação de Moisés.

— Essa história de ficar falando outra língua não estava no programa — resmungava o Pedro, agarrado no cajado.

A fila andava rápido, e a esculhambação dos peregrinos na frente das policiais começava a deixar o clima tenso. Eles não entendiam o que as policiais perguntavam, e elas não tinham a menor paciência com eles. Dona Violeta estava uns cinco metros na minha frente.

— A senhora leva armas? — perguntou uma das policiais para a Dona Violeta e seus 86 anos.

Dona Violeta estava muda, apenas sorria.

— A senhora leva armas, senhora? — insistiu a policial.

Dona Violeta seguia muda e sorrindo.

— A senhora recebeu presente de alguém? — tentou, de novo, a policial.

Dona Violeta, ainda muda, virou-se para trás, me procurou com os olhos, me encontrou, colocou a mão na boca e soltou um sorrisinho.

— Ih, Mariana... Não estou entendendo nada...

Ao mesmo tempo em que eu invejava a ignorância inocente da Dona Violeta, tentava pensar rapidamente em alguma maneira de ajudá-la. Mas eis que o Frei João, já liberado pelo serviço de imigração israelense, foi mais rápido e correu em sua direção. Socorrida, Dona Violeta entrou em Israel. Era, então, chegada a minha hora. Avancei a linha amarela e parei na frente da policial. Ela abriu meu passaporte na página da foto. Olhou para mim, olhou para a foto, olhou para mim, olhou para a foto, olhou para mim, olhou para a foto e leu:

— Maruiana Abót Kalil?

Não era exatamente isso, mas...

— Sim — respondi.

— Qual é o seu nome? — ela perguntou.

— Mariana Abbott Kalil.

— Maruiana Abót Kalil? — ela insistiu.

— Sim — respondi outra vez.

— Qual é o seu nome?

Mas o que era aquilo? Disco arranhado? Conversa de louco? Alguma espécie de pegadinha?

— Mariana Abbott Kalil — eu disse, pela terceira vez.

— Diga outra vez — ela mandou.

— O quê? Repetir meu nome de novo? — me certifiquei.

— Sim, repita outra vez.

— Mariana Abbott Kalil.

Meus olhos saltavam de raiva. Não pela desconfiança da policial com meu sobrenome libanês, afinal, anos de história testemunhavam que ela estava no seu papel. Eu sentia raiva era da arrogância e da empáfia daquelas três. A mais presunçosa me devolveu meu passaporte e sinalizou para que eu esperasse sentada no banco ao lado. E ali eu fiquei, assistindo aos peregrinos entrarem em Israel e sobreviverem ao questionário da fronteira mais rígida do mundo sem saber responder a nenhuma pergunta. Esperei por uns 20 minutos até que uma quarta policial se aproximou.

— Você leva armas? — ela quis saber.

— Não — respondi.

— Você arrumou a sua mala?

— Sim.

— Você ganhou algum presente de alguém e esse presente está na sua mala?

— Não.

— Você tem familiares no Egito?

— Não.
— Você encontrou algum amigo no Egito?
— Não.
— O que você veio fazer em Israel?
— Turismo religioso.
— Quantos dias você vai ficar aqui?
— Hoje, eu só vou passar por aqui, estou a caminho da Jordânia. Na volta, ficarei sete dias.
— Você tem familiares na Jordânia?
— Não.
— Você tem amigos na Jordânia?
— Não.
— Pode passar.

A fronteira entre Taba, no Egito, e Eilat, a cidade israelense, já despachou para casa 12 mil pessoas desde janeiro até outubro, algo como 1.333 pessoas por mês. Trata-se da fronteira mais rígida de Israel – que vem a ser o país de fronteira mais rígida do mundo. Graças a Deus, todos esses números eu só fui conhecer depois de liberada. Encerrada a malha fina, entramos em um ônibus por 15 minutos até a fronteira de Israel com a Jordânia. Nesses 15 minutos, deu para conhecer brevemente a cidade de Eilat. Deu para saber também que a água – ou a falta dela – é o maior problema dos israelenses, já que chove apenas cinco milímetros por ano no país. Todas as plantas e palmeiras – e são muitas – possuem um sistema debaixo da terra com tubos de água encanada. Os israelenses detêm um conhecimento absurdo de tecnologia para transformar a água do mar e da montanha em água potável.

O ônibus nos despejou em uma nova fronteira pela segunda vez no mesmo dia. Agora, saíamos de Eilat, em Israel, para entrar em Aqaba, na Jordânia. Entre a saída de Eilat e a entrada em Aqaba, há um território de 300 metros, todo cercado, que é terra de ninguém. Cruzamos esse percurso de noite, arrastando as malas, até chegar ao posto de fronteira jordaniano para apresentar passaporte e colocar a bagagem no raio X.

— Eu não venho mais — choramingava uma das peregrinas, exausta de tanto apresentar e guardar passaporte, levantar, abaixar, abrir e fechar a mala.

— Não entendo por que querem tanto ver meu passaporte — queixava-se o Vitor, ainda insistindo que os israelenses, egípcios e jordanianos tinham que saber falar português.

— A partir de agora, só vou tirar férias em resorts no Caribe — resmungava outra peregrina.

Cruzados os 300 metros da terra de ninguém, passado o raio X e a cabine dos passaportes, já com o visto de entrada na Jordânia garantido, sentamos em um quiosque à espera do ônibus que nos levaria a Petra. Comprei uma água sem gás, um suco de uva horroroso de doce, um café expresso e fiquei aguentando dois pirralhos jordanianos apontando para a tatuagem que fiz há sete anos em Barcelona – a palavra "coragem" escrita em árabe no meu pé esquerdo –, rindo e falando: "Xjárra! Xjárra!". Tirei a mochila das costas, e a Dona Violeta sentou ao meu lado.

— Sabe, minha filha, eu estou muito cansada, mas nós temos é que agradecer por esta oportunidade e não reclamar. Se, quando voltarmos ao Brasil, eu não te vir mais, quero que tu saibas que estarás sempre nas minhas orações. Tu, teu marido e tua família.

A Dona Violeta tinha o dom de me comover. Era inspirador o tamanho do coração da Dona Violeta. Tinha o mesmo tamanho do coração da Sandra, filha dela, e do Jairo, o genro, um militar reformado que vivia suando e não se queixava de nada. Já a Sandra vivia abraçada na imagem da Virgem Maria enrolada em três terços. Uma das mãos segurava a virgem; a outra, o braço da Dona Violeta. Assim, toda a bagagem da família sobrava para o Jairo carregar.

Foi por isso que resolvi dar um desconto quando, após um dia inteiro de viagem e três fronteiras depois, entramos no ônibus e o Jairo, sentado atrás de mim, perguntou:

— Mariana, tu te importa que eu coloque o meu pé em cima do braço do teu banco?

Era óbvio que eu me importava, mas tive o mínimo de compaixão de peregrina. E ali, sem sapato nem meia, quase roçando o meu nariz, dormiu o pé do Jairo nas duas horas que duraram o percurso da viagem até Petra.

9

PETRA
TERÇA-FEIRA, 19 DE OUTUBRO
DIA 7

Depois que Manoel Carlos teve a ideia de colocar Petra na novela das oito, o Brasil descobriu que uma das Sete Maravilhas do Mundo existia. Somada essa descoberta ao avanço econômico da classe C, o Brasil do presidente operário achou que era a hora e tinha dinheiro de sobra para viajar para a Jordânia. E assim, na manhã da terça-feira, a Mariana se viu cercada por nordestinos, que surgiam em burburinho de todos os corredores até o restaurante onde era servido o café da manhã do hotel Grand View Resort.

O ônibus partiu com 15 minutos de atraso, às nove e quinze. Destino: Petra antiga. A cidade de Petra fica atrás das montanhas, daí o nome Petra, de pedra. Fazia 37 graus, o sol já estava alto e o calor era desnorteante. A ordem dada pelo guia Pablo, um simpático e eficiente chileno radicado na Jordânia, era para sair caminhando naquele sol infernal, enquanto ele tagarelava toda a história da humanidade de Petra em um espanhol ininterrupto. O que Pablo tentava fazer era explicar, em apenas duas horas e durante um percurso de quatro quilômetros debaixo daquele calor insalubre, toda a história de dois mil anos de Petra. Era impossível prestar atenção a tudo, uma vez que o sol derretia os neurônios.

Quando Pablo notava algum peregrino disperso, tirava o apito do bolso e...

— Piiiiiiiiiii! Por favor, atención! — ordenava.

Percorremos um bom trecho sob o sol arrasador, vimos algumas casas de pedras, obeliscos, os primeiros sinais dos nabateus até chegarmos à entrada da antiga cidade de Petra. Ela se apresenta como uma fenda dentro de um desfiladeiro, cujas paredes de pedra cor de rosa chegam a 200 metros de altura. O caminho de um quilômetro e meio pelo desfiladeiro é estreito. A largura, em alguns pontos, não excede quatro metros. As paredes de pedra projetam uma sombra que escurece o dia. Algumas pessoas preferem fazer o trajeto de táxi, porque se trata de uma senhora caminhada. E os táxis nada mais são do que charretes. Elas vão e vêm sem parar – e correm bastante. Se a gente descuidar olhando muito para cima, embasbacada pela beleza do desfiladeiro, corre seriíssimo risco de ser esmagada pelas charretes em alta velocidade. A Dona Norma, uma peregrina de 76 anos, quase pôs cabo à própria vida debaixo das patas de um cavalo que puxava uma charrete de Petra.

— Dona Normaaaaaaaaaaaaaaaaaa! — gritou o Frei João quando percebeu a urgência do desastre.

E a Dona Norma foi atirada pelo frei voador contra uma das pedras cor de rosa de Petra.

Depois de uma última curva e ao fim dos quatro quilômetros, as paredes dão lugar a um monumento de 40 metros de altura, esculpido em rocha nua: o magnífico Tesouro – Khazneh, em árabe –, o templo mais famoso e importante de Petra. Ele representa um divisor de águas na arquitetura dos nabateus e inspirou as construções subsequentes da cidade, todas esculpidas de cima para baixo e sem invadir mais do que alguns metros na rocha. Diferentemente do que sugere o nome, não há riquezas no Tesouro. Ele foi batizado assim pelos árabes, criadores da lenda segundo a qual um faraó teria escondido ali as riquezas do Egito.

Os peregrinos e todas as outras centenas de turistas do mundo inteiro que sobreviveram ao sol escaldante e aos táxis-charretes desgovernados estavam, naquele momento, hipnotizados diante do Tesouro de Petra. E turista hipnotizado é turista surdo, com máquina fotográfica numa mão, filmadora na outra, andando em círculos e disparando flashes para todos os lados. Quando o guia Pablo convidou para continuarmos a caminhada até a parte de trás do Tesouro para conhecer o Anfiteatro, achei que chegar até ali, pelo menos para mim, estava de bom tamanho. Me sentia zonza, minha pressão estava baixíssima, queria um pouco de sossego, de silêncio. Avistei uma lojinha e comuniquei que ficaria pela volta, esperando o grupo retornar. E pela volta fiquei, experimentando todos os anéis de prata dispostos em uma grande mesa sob uma tenda. Foi quando a Celeste, da tripa de cartões-postais, me encontrou.

— Mariana, nós não queremos esperar que o grupo retorne do Anfiteatro para subir de volta os quatro quilômetros em direção ao ônibus. Nós estamos cansadas, com calor e queremos voltar agora, mas temos medo de voltar sozinhas. Tu vem com a gente?

"Como é que é?", pensei.

— Com a gente quem, Celeste? — perguntei.

— Comigo e com a Ruth.

A Ruth com "th" não é a Rute minha amiga, que seguia em direção ao Anfiteatro com o guia. A Ruth com "th" é a amiga inseparável da Celeste. Espiei por cima do ombro da Celeste e pude avistar a Ruth me encarando. Ela tinha tirado o lenço amarelo com a bandeira do Brasil do pescoço e amarrado na cabeça para se proteger do sol. As duas estavam prontas para a longa e escaldante viagem de volta. Só faltava eu.

— A senhora pode esperar um minuto porque eu gostaria de escolher uma camiseta para o meu marido? — perguntei.

E com o crédito de quem já havia traduzido dezenas de cartões-postais da Celeste, demorei um bocadinho mais para escolher também dois anéis de Petra para mim.

A volta da Mariana, da Celeste e da Ruth foi a passos de tartaruga. Assuntos sobre problemas no joelho, articulação, osteoporose, artrite, artrose e reclamações sobre alguns percalços inerentes à peregrinação, tudo esteve em pauta. Uma hora depois, ao chegarmos ao topo, após algumas paradas para respirar o ar quente e seco e buscar oxigênio onde parecia não existir, me atirei dentro de um freezer atrás de uma garrafa de água mineral e um picolé de limão e instalei a Ruth e a Celeste ao lado de outros desgarrados peregrinos que também tinham desistido do passeio ao Anfiteatro e voltado de táxi-charrete para perto do ônibus.

Um deles era o Jairo, genro da Dona Violeta. O Jairo, coitado, estava exausto. Com a esposa Sandra agarrada à imagem da Virgem enrolada em três terços de um lado e a sogra de outro, se deu o direito de tirar a camisa e se jogar embaixo de uma árvore, de perna para cima, só de calção e pé descalço, refrescando os dedões e refestelado no jardim seco de uma das maravilhas da humanidade.

A Jordânia é um dos primeiros países cristãos do mundo. Isso inibe o consumo de álcool. Uma long neck na Jordânia custa 10 dólares. A população da Jordânia vive toda em apenas três cidades. O resto do país é feito de terra abandonada. É uma terra muito seca, porém fértil. É terra vermelha, boa de se trabalhar. A questão é que não existe população suficiente para ocupar essa terra. Então, o governo começou uma campanha para convencer as pessoas a migrarem das cidades para esses povoados abandonados e trabalhar na terra.

Almoçamos após a sauna coletiva e a gritaria de que o ônibus estava sem água na geladeira. Sentei à mesa tendo o Frei João como única companhia. Me servi de homus, babaganush, saladinha verde e pão árabe, para variar. Enquanto eu comia, o Frei João me contava sobre a faculdade de comunicação que cursou em Roma. Era uma bela conversa de duas pessoas que falavam a mesma língua. Um ventinho fresco soprava, eu bebia um gole de coca light com gelo, dava uma mordida no pão árabe com homus, escutava as histórias do Frei João e, assim, a hora do almoço ia caminhando feliz e mansamente antes da viagem prosseguir rumo a Amã.

Amã é uma linda cidade, nova, cosmopolita. É uma cidade de altos e baixos, repleta de montanhas. A parte mais baixa está 700 metros acima do nível do mar. A mais alta, a 1.200 metros. Andar de bicicleta em Amã é uma bronca.

Dois milhões e meio de pessoas vivem na cidade. Dessas, um milhão e meio é de refugiados da guerra do Iraque. Quando as tropas americanas aportaram no Iraque, essas pessoas correram para Amã. Outro meio milhão de cidadãos residentes em Amã são egípcios que migraram para trabalhar na construção civil e na limpeza urbana. De repente, tudo começou a fazer sentido. O Cairo é aquela sujeira porque os egípcios preferem varrer as ruas de Amã, já que, na Jordânia, o salário é muito melhor. Cidadão egípcio que não está varrendo ruas em Amã está construindo arranha-céus. Amã é uma cidade em constante e rápido crescimento.

Cartazes de políticos estão por toda parte. Cartazes bregas, de imagens 3x4 de candidatos. No fim do ano, a Jordânia tem marcadas eleições parlamentares, e muitos políticos querem essa boquinha, já que quem se elege duas vezes tem salário vitalício – mama nos cofres do Estado para o resto da vida. Há muitos partidos políticos no país. Vão da esquerda marxista ao fundamentalismo islâmico. Portanto, não há maioria e quem nomeia o primeiro-ministro é o Rei Abdullah II. A máxima de que o rei reina, mas não governa não faz sentido na Jordânia. Quem não governa é o primeiro-ministro, esvaziado de poder. Quem manda é o rei, e o Rei Abdullah II está acima da Constituição do país. Não raro, faz uso desse poder. Uma de suas maiores determinações é de que todos esses candidatos às 120 vagas do Parlamento depositem uma determinada quantia como garantia de que, passadas as eleições, eleitos ou não, vão bancar a limpeza de toda a sujeira que fizeram durante a campanha. Os egípcios que se virem para recolher a imundície.

10

AMÃ
QUARTA-FEIRA, 20 DE OUTUBRO
DIA 8

O dia começou com a gritaria em volta das bagagens na chegada ao Cham Palaces & Hotels. Nosso esquema de chegada a hotéis era sempre assim, um verdadeiro acontecimento. Descemos do ônibus, adentramos o saguão e ficamos esperando que o guia Robson puxasse a relação dos viajantes e começasse a chamar um por um em voz alta para entregar a chave do quarto e a etiqueta da bagagem. Então, etiquetamos as bagagens com o número do nosso quarto e subimos aos aposentos de mãos vazias, esperando que o carregador batesse à porta, uns 20 minutos mais tarde, com nossos pertences.

Eu usufruí da regalia apenas no hotel Radisson Blu, no Cairo. Entendido o procedimento, agradeci a mordomia e, desde então, preferi carregar meus pertences. Passava a mão na minha mala, pegava o elevador e desaparecia. Foi o que fiz na chegada ao Cham Palaces & Hotels. No nono andar, instalada em um belo quarto, de banho tomado, dispensei o jantar. Não trocaria nenhum manjar árabe por aquele sossego. Zapeei qualquer coisa na televisão, não entendi nada da programação, me enfiei embaixo das cobertas, apaguei a luz do abajur e começava a entrar em sono profundo quando o telefone tocou, imitando o barulho daquelas campainhas antigas e estridentes. Era o guia Robson. Estava preocupado. Todos os peregrinos já se faziam presentes para o jantar. E eu? Eu não ia jantar? Essa era a pergunta que o trio Jairo, Sandra e Dona Violeta não deixava calar.

Amã tem 600 quilômetros quadrados. Em território, é maior do que Madri, que tem 400. Os refugiados vivem na parte antiga de Amã, a parte baixa. Vivem em pequenas pensões. Não há pobreza em Amã, mas "uma vida mais humilde", como eles próprios definem. Isso significa que pode faltar muita coisa aos mais humildes, mas fome essas pessoas não passam. Amã é uma cidade relativamente nova. Tem dois milhões e meio de habitantes. Nos anos 70, tinha só 400 mil. Trata-se de um crescimento rápido para três décadas. A parte antiga de Amã, que é a habitada pelos mais pobres e por todos os refugiados da guerra do Iraque e da guerra entre israelenses e palestinos, tem como característica principal as escadas que levam às casas, construídas nos morros íngremes. Com a guerra instalada, não deu tempo de Amã projetar um crescimento ordenado. A população tinha pressa de se acomodar, então construía escadas como meio de acesso às residências.

Essa parte antiga de Amã não tem mais do que 70 anos e começou a crescer e a se desenvolver a partir da Segunda Guerra Mundial, quando os turcos passaram a trazer os armênios para a cidade. Amã era um povoado abandonado até então. A recepção calorosa com que a cidade recebeu os refugiados condiz com seu nome. Amã significa "irmandade, amor de irmãos". Como é uma cidade em rápida expansão, a mão de obra também se faz muito necessária. E como os jordanianos são um povo orgulhoso e não aceitam qualquer posto de trabalho, esse tipo de mão de obra acaba sendo ocupado pelos imigrantes. A exemplo do Brasil, existe a figura da empregada doméstica em Amã. Mas, ao contrário do Brasil, só podem contratar uma empregada doméstica aquelas famílias que comprovarem ao Estado a real necessidade desse tipo de serviço em casa – ou porque precisam de ajuda com alguém de mais idade, ou por algum outro motivo que o Estado julgue procedente. É apenas um dos tantos trabalhos exercidos por imigrantes e que oferece um salário médio mensal de 300 dólares. É uma fortuna para uma mulher do Sri Lanka, por exemplo (e elas são muitas), que manda toda a quantia para a família, pois na casa em que trabalha, além de moradia, tem comida de graça e roupa lavada.

    O comércio em Amã abre por volta das dez e meia. Em alta temporada de verão, chega a se estender até a meianoite. A Jordânia é o principal destino turístico dos povos árabes, principalmente da Arábia Saudita – por vários fatores. A Jordânia é o país árabe mais liberal quanto à religião. Na Jordânia, há a boate e há a mesquita. Cada um vai onde quer, ninguém é obrigado a nada. Outro ponto a favor da Jordânia é o clima. No verão, as temperaturas oscilam entre 36 e 38 graus. É quente, mas nada comparado à Arábia Saudita, cujo calor chega fácil aos 50 graus. Os cidadãos de Amã residentes na parte nova da cidade não frequentam a parte antiga, o Centro. Os jovens sequer o conhecem. A parte nova é habitada pelos ricos.

Eu estava esperando encontrar grandes mansões – sei lá, parte rica, país árabe, deve ter aqueles palácios, pensei –, mas não vi nada disso. São boas casas, com um jardim ok e só. Mansão, sim, é a embaixada americana. Aliás, mansão, não. Mais parece um shopping center. É uma verdadeira fortaleza com tanques estacionados em todos os portões e soldados armados até os dentes, vestidos com uniformes camuflados e olhando com cara feia para ônibus de turistas que passam por ali. Se algum soldado cruzar o olho com algum turista filmando ou tirando fotografia, aí a coisa fica preta. O ônibus é detido e todos os turistas são retidos para interrogatório. Foi por essa nobre razão que o guia Pablo pediu para que todos os peregrinos guardassem as câmeras fotográficas momentos antes de passarmos em frente à embaixada. Foi quando eu notei uma indisciplina pouco comum no comportamento irrepreensível de ex-militar do Jairo, genro da Dona Violeta. Ele simplesmente não obedeceu às ordens do guia.

— Jairo, baixa a máquina — eu sussurrei, sentada logo atrás dele.

Nada.

— Jairo, baixa a máquina...

Nada.

— Jairo, Jairo!

Quando percebi que o Jairo não ia baixar a máquina, fiz o que jamais pensei em fazer, o que jamais fiz a alguém: saltei feito uma gazela no pescoço do Jairo, que caiu nocauteado na poltrona.

— Mas o que é isso, Mariana? — ele reagiu, apavorado, de barriga para cima, com a Mariana montada em cima dele.

— Tu não ouviu? Não se tira foto aqui! Nós vamos ser presos se pegarem qualquer um de nós tirando fotografia — dizia eu, imobilizando o Jairo.

— Ah, a Mariana não sabe... — sorriu a Sandra, mulher do Jairo. — Viu essa, mãe? — perguntou ela, chamando a Dona Violeta. — A Mariana não sabe!

Eu não sabia que o Jairo era surdo e que o aparelho de audição estava com o volume baixo demais.

Seguimos o tour em direção a Nazaré. Antes da chegada à fronteira, fizemos uma parada em Madaba, distante 30 quilômetros de Amã, a cidade onde está situado o Monte Nebo, onde Moisés avistou a Terra Prometida. Madaba quer dizer "água de fruta". "Ma" significa "água"; "daba", fruta. Se a Jordânia é uma terra seca e desperdiçada, o mesmo não se pode dizer de Madaba, uma cidade onde se plantam e se consomem todos os tipos de frutas, verduras e hortaliças.

Madaba também é conhecida como a Cidade dos Mosaicos, graças aos espetaculares mosaicos bizantinos. É o local onde está guardado o famoso Mapa de Mosaico de Jerusalém e da Terra Santa. O mapa possui dois milhões de peças de cores vivas feitas de pedra local. Ilustra as colinas, os vales, as aldeias e as cidades até o Delta do Nilo. Ele cobre o chão da Igreja Grega Ortodoxa de S. Jorge, construída em 1896 sobre as ruínas de uma igreja bizantina do século VI muito mais antiga. O mapa sofreu danos irreparáveis com o tempo, foi vítima de saques e terremotos. O que sobrou dele está no chão da igreja – uma obra de arte de 17 metros de comprimento por sete metros de largura, o equivalente a apenas um quarto do que um dia foi esse mapa de verdade.

Como Madaba é a terra do mosaico, e turistas de todos os cantos do mundo desembarcam em Madaba, obviamente há uma infinidade de lojinhas vendendo toda sorte de mosaicos: quadros, quadrinhos, vasos, vasinhos, cinzeiros, cinzeirinhos. Eu tive um surto. É que adoro mosaico e não havia tempo para parar em lojinhas. O programa em Madaba era descer do ônibus, marchar até a igreja e voltar para o ônibus. Começou a me dar uma fissura por qualquer quadrinho de mosaico para pendurar na churrasqueira de casa. Para não causar alarde e ser apontada como a responsável pela debandada generalizada da fila, já que muitos peregrinos também queriam comprar qualquer quadrinho que fosse, aproveitei uma curva e caí para a esquerda. Me achei dentro da primeira loja que avistei, escolhi o primeiro quadrinho que enxerguei – a imagem da Árvore da Vida –, paguei, joguei o quadrinho dentro da mochila e alcancei a fila antes da fila alcançar o ônibus.

O Monte Nebo, localizado em Madaba, está 800 metros acima do nível do Mar Mediterrâneo. Moisés, segundo a Bíblia, chegou ao Monte Nebo com 120 anos de idade. Só deu tempo de ver a Terra Prometida e morrer. Nos dirigimos até o local onde Deus concedeu essa visão a Moisés – local que hoje é uma espécie de mirante com grade. Há uma foto do Papa João Paulo II em pé no mirante avistando ao longe – e eu, como saudosa de João Paulo II, quis logo pisar exatamente onde ele pisou e ver exatamente o que ele viu. Pisar, eu pisei. Mas não vi nada. Não vi lhufas da Terra Prometida. Nem Jerusalém, nem Belém, nem Jericó. Nada. Frei João captou no ato minha cara de decepção.

— Viu a Terra Prometida, Mariana? — perguntou.

Ponderei se devia mentir ou não, uma vez que os peregrinos não paravam de tirar fotos no mirante com a Terra Prometida ao fundo. Com certeza, estavam vendo alguma coisa. E se só eu não tivesse visto nada por algum motivo, algum pecado, puro pessimismo, sei lá. Diante do meu silêncio e da minha expressão de mentirosa em potencial, Frei João soltou uma gargalhada:

— Não te preocupa, Mariana. Ninguém consegue ver a Terra Prometida hoje. Há uma neblina muito forte. Hoje, infelizmente, não é um bom dia para essa visita.

Frei João e Padre Tito celebraram no Monte Nebo a primeira de muitas missas da peregrinação. Ela foi realizada em uma salinha utilizada pelos padres franciscanos. Sentei perto da janela que dava para o vale, e a sala transformada em igreja lotou de outros peregrinos brasileiros que faziam roteiro semelhante ao nosso. Rezamos, cantamos e foi passada a cestinha do dízimo. Eu não tenho costume de ir à missa e não sei quanto se deposita na cestinha do dízimo. Espiei e vi que estava cheia de notas de um dólar. Eu não tinha nenhuma nota de um dólar, apenas uma de cinco, que coloquei dentro da cestinha e passei para a Ronilda. Foi quando notei um certo desconforto na Ronilda. Revira daqui, revira dali, a Ronilda percebeu que também não tinha nenhuma nota de um dólar. Só de cinco. Ela até depositou cinco dólares de dízimo, mas recolheu quatro de troco. Eu nunca tinha visto pegar troco de dízimo, mas vá lá. Talvez estivesse desatualizada.

A Ronilda ganhou um apelido dos peregrinos: Ronilda, a Sofrenilda. O semblante e o espírito de sofrimento da Ronilda chamaram a atenção do Frei João.

— Sabe essas pessoas que estão sempre meio para baixo, sempre reclamando e não tomam nenhuma atitude pra melhorar? — perguntou o Frei João para mim, num dia, na hora do almoço.

— O que têm elas, frei? — indaguei.

— A Ronilda é assim. Percebo que ela não está nada bem e tenho feito tudo o que posso para ajudá-la, mas não tenho tido sucesso. Ela só reclama e eu não sei mais o que fazer.

Quanto mais a Ronilda reclamava, mais desastre acontecia com a Ronilda. Tudo começou com a mala. A mala da Ronilda foi a única que não chegou do Brasil. A Ronilda só foi receber a mala no dia em que fomos embora do Cairo. E bastou a mala chegar para a Ronilda perder a câmera fotográfica.

— O Padre Tito vai saber me explicar melhor — dizia o Frei João, diante de mim e do Padre Tito. — Me diga, padre, o senhor que está acostumado a viajar com grupos de peregrinos. É sempre assim? Sempre tem pessoas com uma energia pra baixo que nós não conseguimos ajudar?

— Isso porque a hora da intriga ainda não chegou — respondeu o Padre Tito, enquanto mordia um pedaço de pão.

— Como assim? — quis saber o Frei João.

— Ah, sempre há uma intriga — continuou o padre Tito, bebericando sua dose de cervejinha diária. — Vocês ainda não viram nada.

II

FRONTEIRA JORDÂNIA–ISRAEL
QUARTA-FEIRA, 20 DE OUTUBRO

A saída de Madaba teve como destino a entrada em Israel. Os peregrinos estavam levemente ressabiados após todo aquele interrogatório da primeira fronteira no Egito. E logo eu, que tinha passado o perrengue maior, estava de sangue doce, com o espírito submetido a um rompante inédito de otimismo. Se já me liberaram uma vez, por que encrencariam mais na segunda? A fila quilométrica de turistas se repetiu, e os peregrinos estavam afoitos para se verem livres logo de toda aquela burocracia. O empurra-empurra era crescente e generalizado. Decidi que não entraria naquela batida e resolvi ficar para trás, deixar todo mundo passar e ser a última da fila. Frei João resolveu me fazer companhia.

Enquanto assistíamos lá de trás o raio X cuspir as malas dos peregrinos e um policial fazer meia dúzia de perguntas para cada um, Frei João me contava que essa era a 12ª vez que ele passava por uma fronteira de Israel e que jamais tinha tido a mala revistada. Pois nessa 12ª vez, não teve a mesma sorte. Bastou o raio X cuspir pela terceira vez sua mala que o Frei João se viu obrigado a abrir o cadeado e a começar a explicar o que pretendia fazer com o pacote de erva-mate que levava para o chimarrão.

A minha mala passou ilesa. Respondi a algumas perguntas, do tipo se transportava uma bomba ou se tinha ganhado presente de alguém que não conhecia, e me dirigi à fila de controle de passaportes. Não havia mais nenhum peregrino na sala, todos tinham sido liberados e já estavam dentro do ônibus esperando por mim e pelo Frei João. Com o hábito do chimarrão devidamente explicado e a erva-mate retida, o Frei João fechou a mala e me fez companhia na fila de controle de passaportes. Fomos chamados a dois guichês diferentes, lado a lado. Ele entregou o passaporte dele; eu, o meu. Ele foi liberado; eu, não. Ele perguntou se estava tudo sob controle ao passar por mim, e eu sorri, querendo acreditar que sim e começando a desconfiar de que algo começava a dar errado. Ele foi embora, eu fiquei retida.

— Qual é o seu nome? — perguntou uma policial azeda, de uns 20 e poucos anos, ruiva de olhos azuis.

"Vai começar a novela", pensei.

— Mariana Abbott Kalil — respondi.

Ela virou para o lado e falou alguma coisa em hebraico com outra policial azeda. Aproximou-se uma terceira policial azeda, morena, de uns 20 e poucos anos, e fez a mesma pergunta:

— Qual é o seu nome?

— Mariana Abbott Kalil — respondi.

— Qual é o nome do seu pai?

— Renato Abdala Karam Kalil — respondi, começando a perceber o tamanho da encrenca ao falar em voz alta o nome do meu pai.

— Qual é o nome do seu avô?

Só piorava. Me deu vontade de rir.

— Kalil Abdala Kalil — respondi.

— Qual é a origem do seu avô?

— Libanesa.

Ela virou as costas, saiu e me deixou ali em pé. Voltou dez minutos depois.

— Onde você nasceu?

— Em Porto Alegre.

— Onde nasceu seu pai?

— Em Bagé.

— Onde nasceu seu avô?

— Em Bagé.

— Por que você demorou para responder? — ela quis saber.

— Eu demorei para responder? — perguntei de volta.

— Por favor, me acompanhe — ela ordenou.

E mudamos de cabine.

— O que você veio fazer sozinha em Israel?

— Veja bem, meu amor, eu não estou sozinha. Eu apenas resolvi ser educada e deixei os mais velhos do grupo de 35 peregrinos que viajam comigo passarem na minha frente. E só estou aqui olhando para essa tua cara azeda com rímel borrado escorrendo do olho porque tive a infelicidade de achar que estava ganhando um prêmio com essa viagem de peregrinação religiosa, quando, na verdade, tudo já está se tornando um grande castigo — era o que eu tinha vontade de dizer. Mas eu disse:

— Não estou sozinha, faço parte de um grupo de peregrinação religiosa e todos já foram liberados.

— Quantas pessoas fazem parte do seu grupo?

— Trinta e cinco.

— É sua primeira vez em Israel?

— Sim.

— Você visitou outros países árabes além de Egito e Jordânia?

— Não.

— Para qual dia está marcada sua saída de Israel?

— Dia 27.

— Você vai sair de Tel Aviv?

— Sim.

— Qual é o nome da rua em que você mora no Brasil?

— Quintino Bocaiuva.

— E quais são os seus endereços em Israel?

Puxei o itinerário da bolsa e mostrei a ela o nome dos hotéis e as datas em que ficaria hospedada em cada um deles.

— O que você pretende fazer em Israel?

— Olha, para ser bem sincera, nem sei mais. Inclusive, se vocês quiserem me deportar agora, seria um favor — foi o que pensei. — Vou visitar os lugares sagrados religiosos — respondi.

— Coloque neste papel seu telefone residencial, seu telefone celular e seu e-mail — ela mandou.

Escrevi tudo, mostrei a ela e disse:

— Coloquei dois e-mails, um particular e outro de trabalho. Eu sou jornalista, inclusive, os donos da empresa de comunicação em que eu trabalho são de origem judaica...

— Sente e espere — ela interrompeu.
— Você vai ficar com meu passaporte? — perguntei.
— Por ora, sim. Por quê? Você tem algo a esconder? Você está me parecendo um tanto nervosa... — ela provocou, com um sorriso irônico.
— Eu não diria nervosa, até porque não tenho nenhum motivo para estar nervosa — respondi. — A questão é que esta é a segunda vez que sou submetida a esse tipo de interrogatório hostil em uma língua que não é a minha e em um país que não é o meu. Você há de convir que seu trabalho de preservar a segurança nacional do seu país pode ser feito de maneira um pouco menos agressiva. Desta forma, vocês estariam colaborando para a própria integridade de Israel.

Pronto, falei. E agora não tinha dúvida de que seria deportada.

Eu sei bem de todo o histórico de conflitos e guerras vivido por Israel. Sei também que todo cuidado é mínimo quando o que está em jogo é a segurança de um Estado que visa preservar a vida do seu povo e a sua própria existência. Feita essa ressalva, ainda acho que os policiais da fronteira deveriam medir melhor seu grau de educação. Já ouvi muito dizer que as medidas não buscam discriminar ninguém, mas não foi o que senti. De repente, passei a nutrir, do nada, uma antipatia por um país que eu sequer conhecia. Fiz o que me restava fazer. Sentei e esperei. E como esperei. Foram quatro horas no mesmo lugar, sem nenhuma notícia sobre qual destino estavam preparando para mim.

Eu esperava do lado de dentro da sala de imigração, e os peregrinos esperavam do lado de fora. Eu não podia sair, e o guia Robson não podia entrar para saber, afinal, o que estava se passando e qual seria a minha previsão de alta (ou não) daquele purgatório. Enquanto isso, mais ônibus de turistas chegavam, mais turistas tinham seus vistos rapidamente concedidos e suas malas cuspidas pelo raio X. Vez ou outra, quando a porta automática se abria para algum turista sair, eu podia espiar os peregrinos do outro lado. E a cena era cômica. Estavam todos aglomerados, agachados, na tentativa de enxergar o que as policiais israelenses estavam fazendo com a jornalista descendente de libaneses. A cada vez que a porta do desembarque se abria, eu dava um abaninho discreto para os peregrinos, como quem diz: "Oi, fiquem tranquilos, estou aqui, estou bem". Eles sorriam e levantavam os braços, todos ao mesmo tempo. Abanavam e abanavam. Eu me comovi e, quando minha garganta secou e meus olhos lacrimejaram, percebi o quão vulnerável emocionalmente eu estava. Resolvi perguntar a uma das policiais azedas quanto tempo mais todo aquele trâmite tardaria, já que tinha um grupo de mais de 30 pessoas esperando por mim.

— Pode demorar de uma a cinco horas — ela respondeu.

— Eu poderia falar com o guia do grupo para eles irem embora e não ficarem esperando por mim? — pedi.

— Eles já falaram com as policiais que saíram para lanchar. Explicaram que você faz parte do grupo e disseram que vão ficar esperando por você o tempo que for necessário.

Voltei a sentar e esperar. Nem mexer no celular eu mexia. Achei que qualquer atitude que não fosse permanecer estática e calada poderia levantar algum tipo de suspeita. Comecei até a duvidar se eu não era, de fato, alguma espécie de terrorista em potencial. Já não sabia de mais nada. Duas horas mais se passaram quando, enfim, uma policial azeda se aproximou e só faltou atirar o passaporte na minha cara com o visto de entrada em Israel.

Quando subi o primeiro degrau do ônibus, os peregrinos me receberam com uma salva de palmas. Me contaram que, enquanto uma parte da turma me esperava no saguão do terminal tentando convencer as policiais que saíam para lanchar de que eu era uma descendente de libaneses pacífica, o restante tinha passado quatro horas unido em uma corrente de oração liderada pelo Frei João e pelo Padre Tito. Oraram terços inteiros para São Rafael pela minha libertação.

12

NAZARÉ
QUINTA-FEIRA, 21 DE OUTUBRO
DIA 9

Quando cheguei ao hotel, passado o pesadelo da fronteira, parecia que tinha levado uma surra de rebenque. Doía o corpo inteiro. Fui saber que a Janete, a amiga da Frida, tinha sido a líder do grupo de peregrinos que aproveitaram o momento do intervalo do lanche das policiais israelenses para pedir pela minha libertação. Fiquei sabendo também que só fui liberada porque fazia parte de um grupo de peregrinos, caso contrário, se viajasse sozinha, naquele momento já estaria voltando para casa. Por fim, fiquei pensando em como a Janete poderia ter suplicado pela minha libertação se ela não fala uma palavra em inglês e não consegue sequer reclamar da sandália supostamente desaparecida no quarto do hotel do Cairo. Foi quando uma frase soou como um soco no meu estômago:

— Tu não sabia, Mariana? A policial responsável pelo teu interrogatório era baiana.

— O QUÊ?

Aquele azedume que me interrogou em inglês era baiana? Aquele diabo falava a mesma língua que eu e tinha o mesmo passaporte que o meu? Sim, aquela desgraçada de rímel borrado era baiana, nascida em Salvador e filha de pai israelense. Estava havia cinco anos em Israel e prestava o serviço militar obrigatório. Isso tudo a Janete descobriu ao interromper o horário de lanche da baiana para desfiar uma centena de motivos para minha libertação. Como se não bastasse, tentou corrompê-la. A baiana queria porque queria o lenço amarelo com a bandeira do Brasil que a Janete levava no pescoço. Como não pretendia dar o seu, a Janete pediu ao Padre Tito que entregasse o dele. E o Padre Tito, sem tempo de esboçar qualquer reação apaixonada pelo lenço e ponderando que aquele mesmo lenço poderia significar a soltura da Mariana, tirou a bandeira do pescoço e deu para a baiana. Pode parecer paranoia minha, mas, ao deixar no banco de dados do exército de Israel o meu telefone residencial, meu celular e meus e-mails, comecei a imaginar que estava sendo vigiada. Nem torpedo para casa eu conseguia mandar mais.

O despertador tocou às seis da manhã seguinte, e eu abri os olhos com um humor negro afiadíssimo. Estava com um repé danado e só tinha conseguido dormir graças a dois comprimidos de Tandrilax. Me sentia péssima, meu mau humor ia acabar com meu dia e tudo o que eu não queria era conviver com aquela ressaca de energia negativa. Na tentativa de limpar minha alma e voltar a sentir a presença de Jesus no coração, estendi a esteira de ioga e pratiquei durante meia hora, orando a Shiva e a Ganesha que me livrassem daquela ira. Na terra de conflitos entre israelenses e palestinos, ponderei que pedir ajuda a um deus neutro era a opção mais acertada.

Ao deixar o grupo de peregrinos me esperando por quatro horas na fronteira, era muita inocência da minha parte acreditar que conseguiria me manter invisível – tudo o que mais desejava naquele dia. Na mesa do café da manhã, os olhos eram todos voltados para mim. Eu havia passado de jornalista relativamente discreta para adquirir o status de peregrina popular. Estava a um passo de começar a distribuir autógrafos. Todos queriam saber como eu havia sobrevivido na companhia de quatro policiais azedas de Israel sem sequer esboçar uma crise histérica semelhante à que tive em cima do camelo no Egito.

— Rezamos um terço inteiro por ti, Mariana — me contou a Celeste, a da tripa crescente de cartões-postais.

— Pedi a São Miguel Arcanjo que te libertasse, Mariana — contou a Dona Norma, que quase pôs cabo à própria vida embaixo das patas de um cavalo na Jordânia.

— Rezei para São Bento te iluminar — disse a Ruth com "th", que eu conduzi de volta ao ônibus no calor escaldante de Petra.

Me pareciam bênçãos suficientes para as sete da manhã. Não eram. Mal entrei no ônibus para dar início ao nono dia de peregrinação e fui interpelada pela Silvia, uma alemã com disciplina de alemã e português conjugado de forma corretíssima:

— Mariana, tu tens que agradecer as bênçãos que recebeste. E para agradecer a todas essas bênçãos, aqui está o livrinho com o Salmo do dia 21. Tu farás a leitura hoje na missa.

— Como?

— Farás a leitura na missa — ela repetiu, caso eu não tivesse entendido com todas as letras. E decretou: — Podes começar a estudar.

Nossa primeira parada foi na Basílica da Anunciação, a maior igreja de Nazaré, uma construção moderna feita sobre uma gruta legendária onde, segundo a Bíblia, Maria teria recebido do Anjo Gabriel o anúncio de que conceberia Jesus, filho de Deus. A basílica é linda. Seu interior é todo decorado com imensos painéis em homenagem à virgem – todos eles presentes dos governos de vários países. O painel do Japão, o mais deslumbrante de todos, é um imenso mosaico todo feito de pedras preciosas. Os peregrinos entraram em surto.

— Mariana, tira uma foto minha na frente da cúpula — mandou a Celeste.

A Celeste não pede, a Celeste manda. E mais: não agradece. Há dois dias, eu havia me transformado em fotógrafa oficial da Celeste, além de tradutora de cartões-postais.

— Mariana, minha filha, vem cá um minutinho: não enxergo o verdinho da máquina, vê para mim se está no verdinho porque quero fazer um filme — pedia a Dona Norma.

— Mariana, tu pode me acompanhar lá fora um pouco? Eu quero uma foto da fachada, mas quero que apareça bem toda a basílica até o topo, viu? Então, tu presta bem atenção na hora de bater — dizia a Ruth com "th", a amiga da Celeste.

Mariana, Mariana, Mariana, Mariana... Enquanto eu corria de um lado a outro equilibrando câmeras fotográficas, senti uma inveja branca do guia Inácio, um senhor de 82 anos, natural da Síria, aproveitando o momento de curto-circuito dos peregrinos para descansar em um banquinho.

O Inácio falava português. Aprendeu a língua nos anos 50, época em que morou durante sete anos no Rio de Janeiro trabalhando como ourives da joalheria H.Stern. O Inácio, além de guia, se julga profeta. Sua maior crença – que ele repete à exaustão – é que o Irã destruirá Israel. Sua segunda maior crença é que dólar, euro, real, libra, dinar, não importa a moeda, nenhuma, em um futuro próximo, valerá coisa alguma.

— O negócio é comprar ouro — ele vivia pregando.

Visitamos a carpintaria onde José trabalhou, localizada em uma gruta. Também conhecemos as grutas que serviram de moradia para o povo da época. Lembrei das aulas das freiras do Colégio Bom Conselho, onde estudei até a quarta série, que viviam dizendo que Jesus era pobrezinho por ter nascido naquelas condições desumanas, em uma gruta sem iluminação, e obrigado a viver e a dormir perto dos animais. Eu vivia com um olhão arregalado para as freiras.

"Por que fazem isso com as crianças?", pensei ali, diante da verdadeira realidade.

E a verdadeira realidade explicava que Jesus não tinha nada de coitadinho. Naquela época, não havia outra forma de viver. As casas eram grutas, e as famílias viviam nas grutas junto dos animais, que garantiam o aquecimento durante o rigor do inverno. Assim como nós vivemos hoje em casas com ar-condicionado e nascemos nas maternidades dos hospitais, naquela época se nascia e se vivia em grutas.

A missa do dia foi realizada na Wedding Church, e eu me posicionei, seguindo as ordens da Silvia, em cima do altar para ler o Salmo 21 em agradecimento à bênção por ter sido libertada na fronteira. Frei João e Padre Tito comandaram a cerimônia de renovação dos votos do matrimônio, pedindo aos casais de peregrinos que tirassem suas alianças, depositassem na mão do cônjuge e fizessem a renovação desses votos. Eram casais com 20, 30, 40 anos de casamento e estavam ali, emocionados, prometendo amor um ao outro como se fosse a primeira vez.

Não sei se ainda era o efeito emotivo da fronteira – embora não quisesse admitir, sim, eu ainda me sentia abalada. Só sei que, quando percebi, duas lágrimas caíram. E mais duas, e mais quatro, e mais seis, e uma enxurrada. Eu estava chorando. Pior: eu estava em cima do altar chorando e prestes a ler o Salmo 21. Não parava mais de chorar. Ao tentar enxugar as lágrimas, parar de fungar e fazer de conta que não era eu a protagonista daquele fiasco, levantei os olhos e dei de cara com o Danton. O Danton era um senhor de 70 e poucos anos e dono de uma oratória fantástica. Não raro, o Danton se candidatava para ler algum trecho da Bíblia durante a missa. O Danton adorava me perguntar todas as manhãs se eu tinha notícias do Brasil. A pergunta, segundo ele, era de natureza óbvia: se eu era jornalista e vivia agarrada no notebook, obviamente sabia de tudo o que se passava no Brasil.

— Eu não sei de nada, seu Danton. Eu estou absolutamente imersa nesta viagem espiritual e só abro o notebook para escrever sobre ela. Não sei de nada que não diga respeito à peregrinação — era o que respondia todos os dias de manhã para o Danton.

— Ahh... — era o que ele sempre resmungava de volta.

O Danton era casado com a Julia, uma senhora tão magrinha, tão magrinha, mas tão magrinha que parecia que ia quebrar. A Julia caminhava bem devagarinho, passinho por passinho, e vivia com os olhos arregalados. Parecia que tinha acabado de tomar um susto. Não dava uma palavra. Desconfiei até que fosse muda. Nessa manhã, eu peguei o elevador com a Julia, dei bom dia, mas ela não respondeu. Me analisou de cima a baixo com aqueles olhos esbugalhados e permaneceu calada.

— A senhora está descendo para o café da manhã, Dona Julia? — perguntei.

Ela balançou a cabeça afirmativamente, o elevador parou no térreo, e a Julia foi saindo.

— Dona Julia, o restaurante é no andar de baixo — avisei.

— Eu vou sair aqui, eu vou sair aqui, eu vou sair aqui, eu vou sair aqui... — ela foi repetindo, andando e saindo, passinho por passinho.

Era a única saída que a Julia conhecia. Com medo de se perder e sem o Danton por perto, ela tinha que sair ali. Estranhei, durante a missa, que renovou os votos do matrimônio, quando o Padre Tito comentou que o Danton e a Julia eram casados havia apenas oito anos. Oito anos? "Então, eles devem ter se casado com 60 e poucos", ponderei. Será que ficaram viúvos e se apaixonaram? Ou eram apaixonados desde sempre, mas só puderam viver essa paixão na terceira idade? Fiquei imaginando infinitos roteiros cinematográficos para aquele encontro, mas não era nada disso. Era melhor. O Danton era padre até conhecer a Julia e se apaixonar por ela. Louco de amor, pediu autorização à Igreja Católica para abandonar a batina e aproveitar os outros prazeres da vida.

Terminamos o dia no Monte Tabor, a mais alta colina da Galileia, que tem uma base de 1.200 metros de comprimento e 400 metros de largura. A colina se ergue a uma altura de 610 metros acima da planície de Esdrelon e está situada 575 metros acima do nível do mar. Ali se subia, em tempos remotos, por uma escada de 4.250 degraus. É no Monte Tabor que está localizada a Igreja da Transfiguração, o local onde, segundo a Bíblia, ocorreu a Transfiguração de Jesus Cristo. No livro sagrado, a transfiguração é uma passagem em que Jesus subiu ao monte para orar com Pedro, Tiago e João. Lá em cima, sua aparência mudou. O rosto de Jesus resplandeceu como o sol, e suas vestes tornaram-se brancas como a luz. Pedro, Tiago e João viram Jesus conversando com os profetas Moisés e Elias, e ele pediu aos discípulos que mantivessem o segredo de que era, de fato, o Filho de Deus – segredo que só seria revelado no dia em que ressuscitasse dos mortos. O lugar é mesmo mágico, e foi lá que troquei as primeiras palavras com a Luiza. Qual não foi a surpresa quando a Luiza se virou para mim, após mais de uma semana de viagem, e disse:

— Tu é filha do Renato Kalil.

Está certo que eu havia passado de jornalista discreta para o status de peregrina popular – e que meu sobrenome estava na boca do povo –, mas daí a Luiza conhecer meu pai já era coincidência demais. A Luiza me contou que era médica, como meu pai, e nasceu em Bagé, como meu pai, mas de Bagé saiu ainda adolescente. A Luiza, aliás, conhecia a minha árvore genealógica melhor do que eu, e me compadeci dela quando minha amiga Rute veio me contar que a Luiza andava chateada, se sentindo sozinha e com vontade de chorar na hora das refeições. É que ninguém oferecia um lugar à mesa para a Luiza.

— A Luiza não vê a hora de voltar pra casa — me cochichou a Rute.

Logo lembrei das palavras do Jairo, o militar reformado, genro da Dona Violeta, quando eu entrei no ônibus exausta após o interrogatório na fronteira:

— Mariana, sempre que tu achar que não vai suportar mais determinada situação, lembra que ainda restam quarenta por cento das tuas forças. É matemático. E tu deve te agarrar a esses quarenta por cento com muita fé, determinação e vontade de ir adiante.

Achei fantástica a filosofia militar do Jairo, aplicável a vários momentos da vida, e ponderei que a Luiza, prestes a jogar a toalha, merecia ter o ensinamento compartilhado. No fim do dia, nós havíamos nos tornado boas amigas, e eu cuidaria para que ela nunca mais sentasse à mesa sozinha.

13

NAZARÉ
SEXTA-FEIRA, 22 DE OUTUBRO
DIA 10

Eram cinco da madrugada quando o despertador do quarto tocou. O combinado era tocar às cinco e meia, mas, como o guia Inácio é estressado e nos trata como soldados em marcha, achou prudente acordar seus peregrinos meia hora mais cedo para um ônibus que só sairia às sete e para um café da manhã que só começaria a ser servido às seis e quinze. Desci exatamente às cinco e quarenta pensando que havia sido atingida pelo espírito the flash e seria a primeira a chegar ao restaurante. Qual o quê? Os peregrinos já estavam todos lá embaixo, em algazarra de protesto pela meia hora de sono perdida, mas, sobretudo, pelo café da manhã ainda demorar mais meia hora para começar a ser servido.

Quando as portas do restaurante se abriram, parecia que os peregrinos tinham passado três anos com fome e com sede seguindo Moisés no deserto. Agarraram-se nos vidros de sucrilhos e leite. Pão, geleia, gelatina, fruta – o Padre Tito até tomate e azeitona colocou no prato. Eu preferi me afastar daquela confusão e esperar a poeira baixar.

Entrei no restaurante uns dez minutos depois, meio de cantinho, e fui procurar onde estava a Luiza. Mas a Luiza já estava bem faceira na sobremesa do seu café da manhã. Procurei, então, qual era o lugar, entre as mesas destinadas ao grupo do Frei João, que havia sobrado para mim. Era o lugar ao lado do Danton, o ex-padre, e do Alceu, um senhor cujo nome eu ainda não havia descoberto que olhava com certa censura para as cervejinhas do Padre Tito. Pedi licença e sentei em frente à Julia, que, a essa altura, voltava do buffet bem quietinha, bem magrinha, passinho por passinho. Dei uma espiada para ver qual era o segredo da dieta da Julia e percebi uma gosma vermelha no recheio do sanduíche. Parecia gelatina entre dois pães de forma.

— O que é isso, Julia? — perguntou o Danton, apontando para a gosma vermelha.

— Geleia de moranguinho — respondeu a Julia.

O alvo do interrogatório agora tinha se voltado para mim.

— Mariana, tu toma café preto puro? — ele quis saber.

— Sim, seu Danton. E hoje, dada a madrugada, vou tomar dois.

— Mas é assim, sem leite? — insistiu o Alceu.

— Não gosto de leite — respondi.

— Tu não gosta de leite ou não pode tomar leite? — insistiu o Alceu.

— Não gosto de leite, seu Alceu.

— Nem de iogurte?

— Nem de iogurte.

— Queijo tu come?

— Com moderação.

— Mas por quê? — indignou-se o Alceu, dando um soquinho na mesa.

"Mas qual é o problema de eu não gostar de leite, meu Deus?", pensei, enquanto o Alceu mastigava o pão com manteiga balançando a cabeça de um lado a outro em sinal de reprovação à minha dieta sem lactose.

Saímos às sete em ponto rumo à missa, marcada para as oito, no Monte das Bem-Aventuranças. Como a Terra Santa está abarrotada de turistas, e muitos vão em viagem de peregrinação religiosa, a maioria quer celebrar suas próprias missas particulares, e os horários nas igrejas ficam todos lotados. Portanto, o horário das oito foi o que nos restou. Fizemos o trajeto que fizeram Maria e Jesus após a morte de José. Deixamos Nazaré, partimos monte acima e descemos em direção ao Mar da Galileia, o mar em que Jesus adorava se refugiar para meditar em busca de um pouco de paz e sossego. De todos os lugares por onde Jesus passou e viveu, o mar me pareceu o mais autêntico e encantador, sobretudo por não ter sofrido a interferência do homem. O Mar da Galileia só não permanece tal e qual sempre foi porque o calor que faz em Israel ano após ano vem evaporando a água, deixando o mar a cada década menos cheio. No último verão, a televisão mostrou cenas de um beduíno fritando ovos no chão sob um sol de 45 graus.

Entramos na cidade de Magdala – e a missa do dia, às oito em ponto, estava marcada para se realizar ao ar livre, no Monte das Bem-Aventuranças, ao som do canto de passarinhos, tendo como pano de fundo o Mar da Galileia. Fui envolvida por uma sensação de acolhida.

Estava absolutamente emocionada com aquele lugar, me sentindo uma pessoa bem-aventurada. Quietinha, escolhi um canto para sentar, enquanto observava o ritual de preparação do Frei João e do Padre Tito. Fechei os olhos, inspirei fundo. Fui tomada por uma sensação de plenitude. Os medos, as inseguranças, as incertezas, o pessimismo, nada disso me ameaçava naquele instante. Era uma sensação rara. Eu estava leve. Aquela viagem, aquelas pessoas, aquele contexto – todo aquele conjunto de experiências estava me ensinando, dia após dia, algo de valor imensurável. De repente, eu percebi o que era. Ainda que de forma inconsciente, eu estava aprendendo a ter fé.

Durante a missa, o Padre Tito enfatizou a bem-aventurança, a necessidade de fazer da vida uma boa aventura, de ter por aqui uma passagem feliz, de ajudar o próximo, de sorrir, de estender a mão, de ser generoso. As palavras do Padre Tito iam, sílaba a sílaba, tocando fundo na minha alma. Tinham total sintonia com o que eu sentia. E dei início a mais um fiasco da peregrinação. Comecei a chorar. Mas não era um choro qualquer. Era uma tempestade de lágrimas. Não havia manga de casaco que chegasse para enxugar a aguaceira. Baixei a cabeça e comecei a contar as gotas pingando no chão.

"Se contar carneirinhos ajuda a pegar no sono, talvez se eu contar as lágrimas consiga interromper esse colapso emocional", pensei.

A impressão que eu tinha era de que não conseguiria parar de chorar nunca mais. Iniciava o processo de contagem de lágrimas caindo no chão quando o Padre Tito pediu a todos que se cumprimentassem. Eu estava paralisada pelo meu estado de desequilíbrio e não conseguia levantar a cabeça, muito menos olhar para alguém. Quando tudo o que mais desejava era que um buraco se abrisse sob meus pés, senti um cutucão no ombro, vindo de trás. Era a Dona Violeta. Enxuguei os olhos como pude com a manga do casaco e me virei. Ela me estendia os braços, e eu me atirei nos braços da Dona Violeta aos prantos. A mesma cena se repetiu com a Sandra, filha da Dona Violeta, e com o Jairo, o genro. Os três abriram os braços para mim, e para cima dos três eu me joguei debulhada em lágrimas.

Alguns dias antes, durante o city tour por Amã, a Sandra resolveu sentar ao meu lado no ônibus. O motivo era aparentemente óbvio: a Sandra estava sentada atrás da geladeira do ônibus e não conseguia esticar as pernas. Viu o lugar ao meu lado vazio e ali se acomodou. Só que não era nada disso. A Sandra estava simplesmente com vontade de sentar ao meu lado.

— Gosto muito de ti, sabe, Mariana? Tu é uma pessoa especial e sinto uma grande identificação contigo — ela disse.

Confesso que, na hora, fiquei tentando encontrar quais seriam as características capazes de me aproximar de uma professora aposentada que viaja abraçada na imagem da Virgem Maria enrolada em três terços. Pois quando me vi aos prantos durante a missa e percebi que a Sandra não estava em um estado muito diferente do meu, me dei conta de que nosso fiasco emocional nos unia como irmãs de sangue.

Deixamos Magdala em direção a Tagba, onde ocorreu o Milagre da Multiplicação dos Pães e dos Peixes. Em cima do altar da igreja, devidamente protegida, encontrava-se a pedra onde Jesus sentou. No mosaico do chão, estava o desenho de duas tilápias da Galileia e o cesto com quatro pães (o quinto pão está guardado na eucaristia, como sinal da comunhão do corpo de Cristo). Conta a Bíblia que, certo dia, Jesus andava na companhia de uma multidão de cinco mil homens, mulheres e crianças – todos muito atentos e interessados em ouvir as palavras do Senhor. A certa altura, o céu começou a escurecer, a noite se avizinhou e aproximou-se a hora do jantar. Os discípulos ficaram preocupados, afinal de contas, aquelas pessoas precisavam comer e não havia comida para todos. Sussurraram no ouvido de Jesus:

— Senhor, já é tarde e este lugar é deserto. Diga para essas pessoas irem embora e comprarem algo para comer.

Jesus respondeu:

— Deem-lhes vocês mesmos de comer.

— Mas, Mestre, não temos dinheiro para comprar comida para toda essa gente — responderam os discípulos, e um deles avisou: — Está aqui um menino que tem cinco pães e dois peixes. Mas isso não é suficiente para alimentar tanta gente.

— Tragam aqui esses pães e peixes e digam a todos que se sentem — falou Jesus.

Todos sentaram, Jesus pegou os pães e peixes daquele menino, agradeceu a Deus pelo alimento e começou a parti-los e a distribuí-los para a multidão de mais de cinco mil pessoas. Todos se esbaldaram comendo e, quando o povo já estava saciado, Jesus ordenou aos discípulos que recolhessem os pedaços de pães e peixes que tinham sobrado – e, com essa sobra, os discípulos ainda conseguiram encher 12 cestos de comida.

Padre Tito narrou essa passagem bíblica cercado pela roda de peregrinos e, enquanto eu ouvia, tentava saber qual seria o momento mais oportuno de pedir a ele que me traduzisse toda essa linguagem figurada. Não demorou muito para avistá-lo sozinho. Me aproximei.

— O senhor poderia me explicar melhor esse milagre, padre? Não sei se é pecado ou não, mas a verdade é que eu não acredito nessa história ipsis litteris tal como é contada.

Padre Tito sorriu.

— Não houve milagre nenhum — respondeu. — A Bíblia explica mal, mas explica de uma maneira na qual os fiéis preferem acreditar. Com poucas pessoas eu posso ter esse tipo de esclarecimento, e tu é uma delas. Vou te contar direitinho o que aconteceu.

Nos afastamos e sentamos em uma pedra próxima à entrada da igreja.

— O que aconteceu foi muito mais simples, como é muito mais simples toda a passagem de Jesus pela Terra — introduziu o Padre Tito. — Jesus estava na aldeia quando foi interpelado pelos apóstolos, que perguntaram: "Senhor, como vamos alimentar todo esse povo se temos apenas cinco pães e dois peixes?". O povo era composto de cinco mil trabalhadores judeus, que tinham o hábito de levar a marmita para o trabalho. Jesus respondeu: "Simples, começando por vocês. Deem o exemplo da partilha. Peguem suas marmitas e coloquem sobre a mesa. Dividam". Quando os apóstolos tomaram a iniciativa de dividir com o povo a comida que tinham levado só para si, logo outros trabalhadores seguiram o mesmo exemplo, oferecendo suas marmitas. E outros e mais outros. E quando se viu, havia comida suficiente para alimentar cinco mil homens e ainda restar 12 cestos cheios de alimento.

— Doar, compartilhar, dividir. Eis a mensagem — constatei.

— Sim, e é simples — respondeu o Padre Tito. — O problema é que a maioria prefere acreditar em milagres e poucos colocam a teoria em prática.

Seguimos o passeio em direção à Igreja do Primado, às margens do Mar da Galileia, onde Jesus e seus discípulos pescavam tilápias – cenário de outra passagem bíblica. Conta o livro sagrado que o apóstolo Pedro, ao jogar a rede com a mão esquerda para pescar tilápias, nada trazia de volta. O infortúnio repetia-se sucessivas vezes. Percebendo o dissabor de Pedro, Jesus se aproximou e disse:

— Jogue a rede pelo lado direito, Pedro.

Pedro obedeceu, e mais de 300 peixes vieram.

Essa foi a passagem narrada mais uma vez pelo Padre Tito em meio à roda de peregrinos. Tirando a linguagem figurada, ela diz o seguinte: Jesus quis mostrar aos discípulos que eles estavam ministrando ordens erradas ao povo, seguindo uma doutrina que não estava funcionando – a doutrina da obrigação, da ditadura, da aristocracia. Jesus sugeriu que eles tentassem lidar com o povo de outra forma, pregando a paz, o amor e levantando a autoestima das pessoas. Na hora em que ele disse a Pedro para jogar a rede pelo lado direito, quis dizer a Pedro para fazer as coisas pelo outro lado, de outra maneira, pelo lado certo.

— É por isso que até hoje a gente tem a mania de pisar com o pé direito e de ter sempre o direito como o lado certo — concluiu o Padre Tito.

O calor que faz em Israel em pleno outono é insano. Contrariando todas as previsões de que daria uma esfriadinha, na sexta-feira esse calor veio redobrado. Um calor úmido, que prejudicava a respiração. Por isso, quando o guia Inácio avisou que ainda faríamos uma parada para ver as ruínas de Cafarnaum, cidade amaldiçoada e destruída por Deus, eu pensei seriamente em não sair do ar-condicionado do ônibus.

"Mas já que cheguei até aqui e aqui provavelmente não mais voltarei, vou descer", pensei.

Não deveria ter descido. Não aguentei nem meia explicação do guia Inácio sobre a maldição de Cafarnaum. Maldição era aquele calor insalubre. Resolvi sair à francesa de volta ao ônibus. Teria obtido 100% de aproveitamento no meu plano de bater em retirada despercebida se não estivesse constantemente sob a mira da Janete.

— Já vai, Mariana? Tu tá te sentindo bem?

Parei estaqueada dois metros à frente.

— Sim, estou me sentindo bem, mas com a pressão baixa e com muito calor. Vou voltar devagarinho pro ônibus — respondi, interrompendo a explicação do guia Inácio, coisa que queria evitar.

Quando finalmente consegui vencer os 200 infinitos metros debaixo de sol e calor que me separavam do ônibus, andando passinho por passinho feito a Julia, implorei, quase sem voz, para o motorista abrir a porta. Mas ele estava tão entretido que não percebeu meu desespero. Levantei a mão e dei uma abanadinha. Apontei para a porta e fiz sinal de que queria entrar. Não conseguia falar. Ele se aproximou sorridente, como se estivesse em pleno outono europeu. Queria conversa.

— Desculpe a intromissão — disse. — Mas é uma tatuagem em árabe que tu tem no pé?

— Sim.

— Tu sabe como se pronuncia?

— Xjára — respondi, repetindo a pronúncia que havia aprendido na fronteira da Jordânia.

— E tu sabe o que quer dizer?

— Claro! Coragem.

— E tu não teve medo de ser deportada de Israel por causa da palavra coragem escrita em árabe no teu pé?

Fiquei completamente sem ação. Realmente, me dava conta agora da encrenca maior que poderia ter arrumado para mim. Mas o motorista soltou um sorrisão e me deu um tapinha no ombro.

— Bem-vinda, libanesa! Sou descendente de sírios. Estamos no mesmo barco.

A Síria e o Líbano são os principais inimigos de Israel. Em contrapartida, a Rússia é a queridinha da vez. Russo é um dos idiomas que começam a ganhar espaço em placas de serviços em todo o país. Dos seis milhões de habitantes de Israel, um milhão e meio é formando por judeus russos. O Estado oferece incentivos para que eles venham para o país e dispensa aos cristãos e muçulmanos o inverso dessa cordialidade. Apenas 0,7% de cristãos vive hoje no país – e caminham para a extinção. É crescente a saída de jovens cristãos de Israel, com cada vez menos perspectiva de desenvolvimento.

— Meu filho é um deles — contou o guia Inácio.

Nosso almoço foi uma bênção, pelo menos para mim: sentamos à mesa de um restaurante libanês, o único restaurante libanês cristão da região. Não preciso dizer que me senti em casa. Por pouco não me acomodei na cabeceira, acendi um charuto e mandei servir vinho para os meus convidados. Os garçons trouxeram para todos o mesmo prato, o prato que Jesus e os discípulos comiam: tilápia. No nosso caso, acompanhada de batata frita. Padre Tito sentou ao meu lado. Entre uma garfada e outra na tilápia, não pude deixar de pedir explicações mais convincentes sobre a passagem da Bíblia que narra a Anunciação à Maria.

— O senhor pode me explicar o fato de Maria ter sido concebida pelo Espírito Santo? — provoquei.

Não precisei dizer mais nada. Padre Tito adorou a deixa. E a Janete, única peregrina que aceitava as interpretações do Padre Tito, também.

— Naquela época, era comum os romanos abusarem das mulheres no meio das grutas. Isso aconteceu com Maria, e ela engravidou. A questão é que Maria havia sido a escolhida para dar à luz o homem que mudaria a visão de mundo das pessoas. Portanto, esse episódio foi abafado e inventou-se a história de que ela concebeu Jesus através do Espírito Santo. Não é nada disso. Se tu for ver, as feições de Jesus são feições de um homem romano.

Terminamos o dia com um passeio de barco pelo Mar da Galileia. Para chegar até o barco, cruzamos um kibutz, pequena propriedade agrícola coletiva, com lojinha de suvenires, banca de sucos e produtos naturais. Passei por todas aquelas ofertas reta como uma flecha. Eu até poderia estar sendo mesquinha, infantil, pobre de espírito, ressentida, qualquer coisa pequena dessas. Mas ainda estava engasgada com aquele episódio na fronteira e havia decidido que "minha dinheirinha de turca" aquele kibutz não veria de jeito nenhum.

14

JERICÓ, MAR MORTO, BELÉM
SÁBADO, 23 DE OUTUBRO
DIA 11

Essa jornada de peregrinação religiosa foi um bom momento para refletir sobre o significado de Deus na minha vida – até porque é impossível participar de uma viagem dessas sem pensar sobre o assunto. O Deus a quem eu me dirijo diariamente é um Deus que mora dentro de mim e com quem eu converso como quem conversa com o melhor amigo. Às vezes, eu falo mais, e ele só escuta. Em outras, ele fala bastante, e eu fico calada, só ouvindo. É sempre um diálogo preciso, objetivo, correto, justo, como se, internamente, lá no fundo mesmo da minha alma, eu soubesse tudo o que devo ser e fazer, mas essa compreensão só se faz presente em momentos de silêncio e de conexão entre ele e eu.

A prática da ioga é fundamental para mim nesse processo. Ela permite que eu me conecte com a minha respiração, com meu corpo e com a minha mente em uma comunhão que me leva a uma ligação direta com esse Deus. Através dos exercícios de força, flexibilidade, inspiração, respiração e meditação, ele consegue vir à tona. A ioga me traz soluções precisas e sempre acertadas para perguntas cujas respostas eu muitas vezes já sei, mas não quero ouvir. São soluções para algumas dúvidas e também para muitas certezas que me incomodam. Daí minha necessidade de praticá-la diariamente. Ficar pelo menos uma hora em paz comigo mesma me ajuda a alcançar um nível maior de lucidez e, consequentemente, ser mais feliz.

A viagem de peregrinação religiosa despeja um amontoado de teorias, de histórias, de milagres e sensações – e é tudo tão corrido que, muitas vezes, falta tempo para digeri-las. Foi por isso que, na noite de sexta, ao chegarmos cedo ao hotel e ganharmos o resto do dia livre, eu aproveitei que a varanda do quarto tinha vista para o Mar da Galileia e estendi minha esteira de ioga sob a lua cheia que refletia na água. Inspirei, respirei, meditei e a boa energia se manifestou. Bati um longo papo com meu amigo, tomei banho em paz e fui dormir em minha boa companhia. Despertei antes do alarme coletivo dos peregrinos, às seis da manhã.

Cerca de 40 minutos depois, estava no restaurante para o desjejum. Eu e uma multidão. Eram turistas de todos os cantos do mundo, uma algazarra federal que piorava com a gritaria de uma turma de chinesas de meia-idade. Dei uma olhada para as três mesas do buffet e percebi que ofereciam apenas alimentos que não costumam fazer parte do cardápio do meu café da manhã. Até peixe cru eu encontrei. Pensei em comer uma omelete, mas o mais próximo de uma omelete que encontrei foram ovos estalados boiando em uma espécie de molho rosé. Enquanto eu rodeava em volta da mesa por um lado, tentando encontrar uma solução digna para minha fome simples de pão com manteiga, as chinesas, dezenas delas, rodeavam por outro, emitindo uns gemidos com variantes de vogal.

— Huuuuuuuu, hoooooooo, heeeeeeee, haaaaaaaa.

Às vezes, nós nos batíamos, e a cada encontrão meu humor ficava pior. Decidi sair daquela bola de neve sem chegar a conclusão nenhuma e me aproximei do balcão onde estavam as térmicas de chá, leite e café. "Um café preto, é isso o que preciso", pensei. Preparava para me servir quando recebi um cutucão no ombro. Era a Celeste, dos cartões-postais.

— Mariana, aquilo ali é leite, não é? — apontou ela para uma garrafa de vidro cheia de leite.

—Sim, dona Celeste, é leite — respondi.

— Mas é leite quente?

— Não creio, dona Celeste. Até porque a garrafa está em cima de umas pedras de gelo.

— Ah, então é leite frio, não é?

— Sim, dona Celeste, acredito que seja leite frio.

— Ah, mas eu não tomo leite frio. E agora?

E agora que o espírito da compreensão divina não conseguiu superar o espírito de mau humor da Mariana, e eu deixei a Celeste falando sozinha. Tentei de novo encontrar uma alternativa para o meu pão com manteiga. Escolhi uma baguete massuda, um bolinho tipo muffin e um pouquinho de uma gororoba achocolatada cuja principal ambição na vida era ser uma Nutella. Depois de experimentar tudo e não comer nada de fato, olhei para o relógio e vi que ainda eram sete e quinze. O ônibus só partiria às oito. Havia tempo de sobra. Voltei para o quarto para terminar de arrumar as coisas, escovar os dentes e programar a máquina para levar uma recordação da varanda do quarto com o Mar da Galileia ao fundo. Às vinte para as oito, eu estava pronta, descia pelo elevador e me dirigia calmamente rumo ao ônibus, enquanto ia apagando uma lista de velhos torpedos no celular. Foi quando fui atropelada pelo guia Robson e pelo motorista sírio.

— Mariana, só falta tu! — bradou o guia Robson.

— Como assim? A saída não é às oito? — perguntei.

— Nós mudamos o horário da saída ontem, durante o jantar, pras sete e meia.

— Ok, mas eu não desci pro jantar e não sabia.

— Tá bem, tá bem. MAS AGORA CORRE!

Entrei esbaforida no ônibus pela porta de trás. Estava com o pé no segundo degrau quando fui atropelada outra vez, agora pelo dedo do Vitor no meu nariz. O Vitor era um senhor magrinho que insistia que todas as pessoas do mundo, inclusive os árabes e israelenses, deviam saber falar português. O Vitor não segurava, ele agarrava os talheres. Adorava gesticular com os talheres na mão, como se estivesse regendo uma orquestra com garfo e faca. Se tinha alguém que falava alto dentro do ônibus, esse alguém era o Vitor. Nós não fomos e voltamos dos passeios com o Vitor. Com ele, "nóis fumo e nóis voltemo". Pois o Vitor se achou no direito de me repreender com o dedo indicador no meu nariz no momento em que eu colocava o pé no segundo degrau do ônibus.

— Ô, menina! — gritou ele. — Tem que prestar atenção na hora! Não tem relógio, não? Tá todo mundo preso aqui só esperando por ti! Que falta de respeito e de educação é essa?!

Eu cheguei a ter medo de mim. Eu queria esganar o Vitor-nóis-fumo-nóis-voltemo. Eu ia abrir a boca para dizer qualquer coisa para o Vitor-nóis-fumo-nóis-voltemo, mas resolvi ficar calada. E calada sentei no meu lugar. Mal o ônibus arrancou, o guia Robson pegou o microfone.

— Pessoal, antes do início da oração do Frei João, eu gostaria de dizer que o horário da saída do ônibus foi trocado ontem, na hora do jantar, quando todos foram avisados. Só que a Mariana não estava no jantar e não foi avisada. Ela não tinha como saber da alteração.

A oração da manhã do Frei João estava em sintonia com o episódio. Ele enfatizou a tolerância com o próximo, o ato de aprender a respeitar, a sorrir e a desculpar.

Nossa primeira parada foi no Rio Jordão, onde realizamos a renovação do sacramento do batismo. Mal desci do ônibus, fui cercada por três peregrinas, preocupadíssimas comigo.

— Mariana, nós chegamos até a cogitar que o teu atraso estava relacionado aos soldados israelenses. Vai saber, né? Depois do que te fizeram passar na fronteira, poderiam muito bem ter vindo até o hotel para te prender.

Eu não queria mais saber dessa história, só queria enfiar meus pés dentro da água do Rio Jordão. E com os pés dentro da água do Rio Jordão, ouvi o Padre Tito explicar que qualquer cristão que tenha sido batizado está apto a batizar o próximo. Não é preciso ser padre para realizar esse sacramento.

— Apenas pai e mãe estão impedidos de batizar o filho, uma vez que o filho é uma extensão dos pais — ensinou.

Padre Tito pediu, em seguida, que formássemos duplas para que um renovasse o sacramento do batismo do outro. Me juntei à Luiza.

— Mariana, se tu quiser ser batizada pelo Padre Tito, fica à vontade — disse ela.

— Imagina! Por um padre eu já fui batizada quando nasci. Agora, eu quero ser batizada por ti — respondi.

Renovamos mutuamente nossos sacramentos do batismo, e me despedi do Rio Jordão com uma nova afilhada; e a Luiza, com uma nova madrinha. Já o Jairo, genro da Dona Violeta, saiu do Rio Jordão acompanhado de dois seguranças. Não satisfeito em molhar os pés, o Jairo tirou a roupa e deu um bico no Rio Jordão. Quando emergiu do mergulho, quase foi deportado.

Deixamos Tiberíades e começamos a descer o país rumo a Belém, com parada em Jericó. Eu gostei da ideia de que nossos dois próximos destinos seriam território palestino e adorei a notícia de que ficaríamos hospedados em Belém e não em Jerusalém. Vinha pensando sobre a loucura daquele muro de 750 quilômetros de extensão para separar territórios israelenses de palestinos quando ouvi a Ceres me chamar. Sentada atrás de mim, ela aproximou o rosto pela fresta entre os dois bancos e quis saber:

— Tu vai entrar no Mar Morto?

O Mar Morto era nosso próximo destino, e eu estava bastante empolgada com a perspectiva de conhecer a depressão geológica mais profunda da terra e todos aqueles cosméticos milagrosos que levam sua assinatura – reza a lenda que as propriedades terapêuticas e rejuvenescedoras do Mar Morto eram velhas conhecidas da rainha Cleópatra. O Mar Morto tem esse nome porque nenhuma espécie aquática consegue viver em suas águas salgadas – a salinidade é dez vezes maior do que a dos oceanos. Ele está a 420 metros abaixo do nível do mar e possui 29% de concentração de sal e 24 tipos diferentes de minerais. É um grande lago salgado no meio do deserto, com 16 quilômetros de largura e cujo nível baixa um metro e meio por ano. Dos anos 30 até hoje, o nível do Mar Morto já baixou 40 metros. A única fonte de renovação de água é o Rio Jordão.

Quando descemos do ônibus em direção ao Mar Morto, eu levava meu maiô de natação na mochila, mas carregava comigo a mesma dúvida do Monte Sinai. Se lá a ponderação era o "subo ou não subo?", dessa vez a dúvida era: "entro ou não entro?". Não entrei. A bem da verdade, nem sei por que tinha alguma dúvida, já que não gosto de piscina, e o Mar Morto nada mais é do que um imenso piscinão atrolhado de gente enlameada, com água quente e fedorenta.

— Vem, Mariana! — gritava a Ceres, boiando de barriga para cima no Mar Morto e estapeando a água para tentar evitar que o sal jogasse seu corpo de barriga para baixo e a água entrasse nos olhos para arder feito pimenta.

Eu só não estava indiscutivelmente muito melhor em terra firme porque fui alcançada pela Celeste com mais seis tripas de cartões-postais esperando por tradução. Se cada tripa tinha 14 postais, ela esperava que, no percurso até Jericó, eu entregasse a encomenda de tradução de 84 postais.

Jericó é a cidade mais antiga do mundo. Data de 8.000 antes de Cristo e está localizada no Deserto da Judeia. Fomos até lá só para conhecer o Sicômoro de Zaqueu, uma árvore milenar em que Zaqueu subiu para avistar Jesus de passagem pela cidade. Zaqueu era um homenzinho gorducho e imberbe. Não tinha mais do que seis palmos, a contar do chão ao topo da cabeça. Jericó inteira odiava Zaqueu, pois, desde sempre, ele havia se dedicado a cobrar impostos e a enriquecer às custas do povo.

Se alguém queria ofender Zaqueu, bastava apelar para sua pouca estatura. "Anão traidor!", era um dos insultos mais populares. Naquele dia, a passagem de Jesus por Jericó tornou as ruas da cidade intransitáveis. Toda a população tinha saído de suas casas para ver o "novo profeta". Zaqueu estava desolado com a algazarra e, como não enxergava nada, decidiu subir no sicômoro do quintal. O povo enxergou Zaqueu lá em cima, invadiu o quintal e balançou a árvore até derrubá-lo no chão. Foi quando Jesus se aproximou para manifestar a vontade de jantar e pernoitar na casa de Zaqueu. A população não acreditou quando viu o profeta, um homem bom, entrar na casa de um impostor.

— Mas Jesus fez de propósito — explicou o Frei João. — Quis dar uma chance a Zaqueu para que se redimisse e se arrependesse de seus atos. Jesus foi a primeira pessoa a não julgar Zaqueu, a não colocar o dedo na cara de Zaqueu, a não acusá-lo, mas a ouvi-lo, a perdoá-lo e a dar-lhe uma segunda chance. Ao sentar-se à mesa com Zaqueu, Jesus estava anunciando o grande banquete do Reino de Deus, onde os mais desprezados ocuparão os lugares de honra. Entenderam a mensagem que fica para nós?

Jericó também foi o local escolhido para nosso almoço, um verdadeiro acontecimento nas dependências do restaurante Tentação. O restaurante Tentação nada mais é do que a parada obrigatória de todos os ônibus de peregrinos do mundo inteiro que cruzam por Jericó. Dá para imaginar, portanto, o congestionamento de ônibus em frente ao restaurante Tentação e a balbúrdia que os turistas com fome fazem lá dentro. O restaurante Tentação é tão turístico que tem um funcionário falando em português no microfone a cada chegada de um ônibus do Brasil.

— Bem-vindo, Brasil! No andar de cima, Brasil! Sobe a escada, Brasil! — assim foi a nossa recepção.

Era tanta, tanta, mas tanta gritaria em todas as línguas, tanta correria pelos corredores do buffet que eu comecei a ficar mareada. Para piorar, as mesmas chinesas que quase lesaram o córtex frontal do meu cérebro no café da manhã estavam fazendo o mesmo roteiro que o nosso, ou seja, vinham no nosso encalço. E estavam histéricas diante das mil possibilidades oferecidas pelo restaurante Tentação. Para tentar colocar ordem na casa e evitar um incidente Brasil versus China, o funcionário que falava português agarrou-se no microfone mais uma vez.

— Brasil na esteira da esquerda! China na esteira da direita! Brasil à esquerda! China à direita!

Fazia um calor dos diabos dentro do restaurante Tentação, o funcionário não largava o microfone, as chinesas seguiam com seus "huuuuuuu", "haaaaaaaa", "hoooooo" e eu só pensava em escolher rápido o que comer para me refugiar em algum canto menos caótico. Fui até a zona de mesas reservadas para o Brasil e já ia sentando na companhia de alguns peregrinos quando fui avisada de que aquele lugar estava reservado. Não havia nada ali, nem bolsa, nem carteira, nem óculos nem nada. E havia vários outros lugares sobrando na mesma mesa. Mas aquele ali estava reservado. E ali eu não podia sentar.

— Esse lugar é meu! — decretou o Alceu, talvez se vingando da ausência de leite no meu desjejum.

Olhei para os lados e resolvi sentar em uma mesa vazia. "Pois agora eu vou comer sozinha", pensei.

Mas logo o Danton, o ex-padre que se apaixonou pela Julia, e a própria Julia juntaram-se a mim. E eu que achava que a Julia era muda, tive uma surpresa. A Julia falou – e não falou pouco. Sobretudo quando se dedicou a fazer perguntas.

— Mariana, por que tu te atrasou hoje de manhã? — quis saber.

"Ainda essa ladainha?", pensei.

Repeti toda a explicação de não ter descido para o jantar e, portanto, não ter ficado sabendo da mudança de horário de saída do ônibus e blablablá blablablá, e a Julia ouviu atentamente como se fosse a primeira vez.

— Aaahhhh — murmurou. E continuou: — Mariana, tu é jornalista?

— Sim, dona Julia, eu sou jornalista.

— Mas o que tu faz como jornalista?

— Sou editora de um caderno semanal, dona Julia.

— Ahhh... E salário de jornalista é bom? — quis saber a Julia.

Interrompi a trajetória do garfo com a berinjela espetada que levava até a boca e fiquei ali, paralisada, pensando nas razões para a pergunta da Julia. Espiei a roupa que estava vestindo, não achei que estivesse tão maltrapilha assim. Retomei o caminho do garfo com a berinjela, dei um sorriso amável para a Julia e segui a educação aprendida em casa de não falar de boca cheia.

Chegamos à Betânia pouco antes do horário marcado para a missa do dia, às três da tarde. Como eu não aguentava mais sentir o calor fervente daquele sol e ver só deserto pela janela, fechei a cortina e me concentrei no meu diário de bordo. Não estava prestando atenção nas palavras do Padre Tito sobre o significado de Betânia e do personagem Lázaro na Bíblia, que estaria enterrado na cidade. Mas não pude deixar de perceber a reação indignada de alguns peregrinos e o zunzunzum que se formou dentro do ônibus.

Segundo a Bíblia, Lázaro era irmão de Marta e Maria e vivia em um povoado pobre de Betânia. Teve a infelicidade de contrair lepra, foi trancafiado pelas irmãs no porão da residência e lá permaneceu abandonado até sua morte. Só que Marta e Maria se arrependeram da maneira como trataram o irmão e suplicaram a Jesus que o ressuscitasse. Como era muito amigo da família, Jesus atendeu ao pedido das irmãs. Foi até Betânia e ressuscitou Lázaro.

Até aí, o ônibus de peregrinos escutava tudo atentamente e em paz. O problema foi que o Padre Tito resolveu dar as tintas de sua interpretação e contou que Lázaro não tinha morrido de lepra coisa nenhuma. Lázaro passou a sofrer de depressão ao se ver doente e abandonado pelas irmãs em um porão escuro. Então, quando Jesus, que era amigo da família, chegou à casa e viu aquela crueldade, chamou Marta e Maria e repreendeu as duas. Imediatamente, voltou-se para Lázaro e ordenou que se levantasse. Disse a Lázaro que ele era um grande homem e conseguiu, com gestos e palavras, recuperar sua autoestima – na linguagem bíblica, "ressuscitar" Lázaro.

— Quantas pessoas não morrem socialmente pela língua dos homens, pelos atos desumanos cometidos? Essa foi a lição que Jesus quis nos deixar — pregou o Padre Tito.

A revolta estava instalada.

— Agora, só falta o senhor dizer que Jesus não morreu na cruz, né, padre? — protestou a Ceres.

— Eu não preciso ouvir esse tipo de barbaridade na minha idade — reclamou o Alceu.

— Eu passo a vida acreditando em uma religião que o senhor quer me dizer que não existe? — indignava-se a Silvia.

— O senhor quer me dizer que não é verdade tudo o que eu aprendi sobre a morte por lepra de Lázaro? Eu vou acreditar em quê agora? — protestou o Pedro, ainda agarrado no cajado de Moisés.

Era tamanha a rebelião que eu comecei a temer pela integridade do Padre Tito. E me dei conta de que sua profecia, durante o almoço no restaurante de Petra, começava a se realizar: "Sempre há uma intriga durante a viagem. A partir daí, o grupo se divide em dois".

Estava, naquele momento, instalada a divisão. Começava ali o Big Brother da peregrinação. Era Mariana e Padre Tito contra o resto da casa.

15

BELÉM, PALESTINA
DOMINGO, 24 DE OUTUBRO
DIA 12

    Depois de ser tirada para terrorista em potencial em Israel, cheguei a Belém, na Palestina, para a última parada dessa jornada de peregrinação religiosa. Ficamos hospedados no melhor hotel da viagem, o Intercontinental Jacir Palace Bethlehen. Ele foi construído em um antigo palácio, e eu achei mais do que justo começar a receber cuidados de princesa após uma onda de sucessivos maus-tratos. A fronteira entre Belém e Jerusalém é uma das expressões máximas do conflito entre israelenses e palestinos. Sempre que fomos obrigados a parar nessa fronteira para sair de Belém e entrar em Jerusalém – e vice-versa –, eu fiquei delirando com os desenhos que alguns grafiteiros fizeram no muro de oito metros de altura. Um deles mostra um dedo indicador tocando esse muro que, com o gesto, automaticamente se desfaz em pedacinhos, como se desejando que o conflito termine como em um passe de mágica. A Igreja Católica está sempre atenta às necessidades dos cristãos palestinos e promove várias iniciativas para ajudar o povo.

Existem, por exemplo, cooperativas de trabalho em madeira de oliveira, cujos artesãos criam e confeccionam objetos lindíssimos, como terços, presépios, imagens santas e outras tantas manifestações de arte, incluindo joias em ouro e madrepérola.

Jerusalém significa "cidade da paz", e nela vivem 800 mil habitantes, majoritariamente judeus. Os judeus moderados são vistos na rua usando a quipá, um pequeno solidéu em forma de circunferência, utilizado tanto como símbolo da religião como de "temor a Deus" – temor associado a um reconhecimento da superioridade divina sobre o ser humano e à necessidade do uso da quipá como humildade perante o criador e submissão à sua vontade. Os judeus ortodoxos cultivam barba longa, vestem capote preto e têm a cabeça coberta por chapéu. Eles não trabalham, não prestam serviço militar e, sobretudo, não aceitam Israel como Estado. São bancados por esse Estado, mas não o reconhecem como tal. Vivem em um mundo à parte da moderna Jerusalém Ocidental, dedicando a vida aos estudos da lei e pensamentos judaicos, praticando o que acreditam ser a forma mais pura de judaísmo. O crescimento dessa população ortodoxa vem se tornando um problema sério para Israel – um país com histórico de guerras e conflitos que, mais do que nenhum país no mundo, necessita recrutar os jovens para o serviço militar. Se antes eles representavam uma minoria da população, hoje correspondem a mais de dez por cento dos israelenses em idade de servir o exército. O governo calcula que até 2019 eles chegarão a 25% dos jovens de 18 anos.

Viajamos durante uma hora até Taybeh, única cidade

palestina em que a população é 100% cristã. Foi o local escolhido para celebrarmos a missa – o principal programa de domingo da pequena Taybeh. Padre Tito e Frei João avisaram que a missa seria celebrada em árabe, e eu me acomodei sozinha em um dos bancos localizados ao fundo, no canto esquerdo da igreja. Coloquei a bolsa no colo e fiquei ali, olhando as imagens, os vitrais, as pessoas que entravam em silêncio, as crianças que corriam pelos corredores, os hábitos e costumes de toda aquela gente. Foi quando parou do meu lado uma senhora que deveria ter mais ou menos a mesma estatura do Zaqueu, aquele que subiu no sicômoro em Jericó. Se ela não tinha 90 anos, deveria estar bem perto. Vestia preto da cabeça aos pés, levava um bonito véu de renda cobrindo os cabelos e estava furiosa comigo. Começou a desfiar todo um rol de manifestações em árabe, com o indicador em riste na minha cara.

— Nhara brarrasa gradajsiksois sjdoiojdjflkjda kalsdljflkj — esbravejava, com o dedo a fazer círculos no ar.

— Como? — foi só o que me ocorreu perguntar, em português mesmo.

— Nhara brarrasa gradajsiksois sjdoiojdjflkjda kalsdjdljflkj — ela seguia esbravejando.

— A senhora quer passar? — perguntei, gesticulando.

— Nhara djfdskjfhkf sldjfslkfjskljf kjsfsjfsjfkjd — ela insistia, agora com os dois braços para cima e em volume mais alto.

"A senhora não tem o que fazer e veio me encher o saco? A senhora encasquetou comigo? A senhora brigou com seu marido e veio descontar em mim? A senhora quer fazer o favor de me deixar em paz?", era o que eu pensava.

— Olha, a senhora me desculpe, mas não estou entendendo o que a senhora está tentando me dizer — respondi.

— NHARA AKDJLSFJDLFDSJKDF LFJSLDFJLK SJFK LSFJLJFLSJFF!

Agora, ela gesticulava tanto que seus braços pareciam a hélice de um helicóptero desgovernado. Eu ia apanhar daquela encarnação de Zaqueu e percebi que só bem longe dali teria minha integridade física preservada. Levantei, pedi licença e, antes de cruzar a porta de saída da igreja resolvi olhar para trás, já que os gritos tinham cessado. Tudo estava explicado. Eu tinha tido a infelicidade de sentar no lugar dela. Com mais de mil lugares naquela igreja, eu tinha escolhido justamente não só o banco, mas o lugar no banco errado.

A missa durou uma hora e meia. No fim, fomos convidados pelo Padre Raed Abusahlia para um chá da manhã com bolachinhas waffle em uma sala anexa à igreja. A sala era a melhor tradução de um ambiente árabe, com tapetes desbotados, bandejas de cobre sobre mesas baixas e muitos pufes e almofadas coloridas. A carinhosa recepção do Padre Raed ao nosso grupo tinha para a comunidade daquela cidade uma histórica razão de ser: éramos os primeiros brasileiros a visitar Taybeh. Padre Raed pediu em um italiano fluente apenas meia hora da nossa atenção. E se mostrou uma das figuras de coração e oratória mais fantástica que eu já tive o privilégio de conhecer. Explicou em que consistia seu trabalho e a sua luta para manter viva a esperança dos cristãos na Terra Santa.

Entre muitas outras coisas, sob o comando do Padre Raed, a igreja construiu um ambulatório para as gestantes de Taybeh. As mulheres entravam em trabalho de parto e não tinham lugar para dar à luz os filhos. Eram obrigadas a viajar até Jerusalém em busca de auxílio médico. Só que palestinos cristãos não entram com facilidade em Jerusalém, nem mesmo mulheres prestes a parir. A demora na liberação da fronteira vinha provocando dezenas de mortes de mães e filhos. Com ajuda financeira de países europeus, Padre Raed conseguiu recursos para construir um ambulatório exclusivo para as gestantes de Taybeh. Outra iniciativa do Padre Raed, também em função do conflito árabe-israelense, foi a construção de uma casa para repouso de idosos em Taybeh. Os palestinos da região tinham apenas um asilo, e ele estava localizado justamente no limite para a construção do muro que separa ambos os territórios. Quando foi destruído, muitos idosos ficaram sem ter onde morar.

— A resposta para todo esse conflito está aqui — disse o Padre Raed, apontando para o coração. — É isso o que falta nesta região. Aqui há um conflito e aqui o que mais buscamos é a paz. O Papa João Paulo II disse que daqui deveria sair uma ponte para o mundo e não um muro. Levem essa mensagem com vocês.

E eu trouxe comigo, além da mensagem do Padre Raed, uma pequena pomba branca de cerâmica, criação da comunidade de Taybeh em parceria com designers italianos, que significa "a lâmpada pela paz". Dentro dela, há um orifício onde se coloca um óleo e uma fina vela. O objetivo é que cristãos do mundo inteiro iluminem suas casas com a luz da paz para que sejam ouvidos – e que essa paz se instale um dia, enfim, nesse canto sagrado do mundo.

Nossa parada seguinte foi sugerida pelo próprio Padre Raed: a cervejaria Taybeh, que produz a cerveja Taybeh, que eu achei ótima, bem amarguinha e só não trouxe um engradado para casa por questão de espaço na mala. Terminamos o dia na cidade de Ein Karen para visitar a gruta onde nasceu São João Batista. O incidente com aquela senhora na igreja e a causa nobre abraçada pelo Padre Raed tinham me deixado emocionalmente mexida e eu me sentia cansada, sem condições de prestar atenção em mais nada. Durante a subida de uma íngreme escadaria rumo à Igreja da Visitação, enquanto os peregrinos pisavam degrau por degrau rezando o Pai-Nosso e a Ave-Maria em voz alta, eu peguei o caminho inverso e desci correndo lá de cima com um único e firme propósito: o sorvete de uma gelateria italiana que havíamos cruzado no caminho. E foi de colherada em colherada no copinho de frutas vermelhas com chocolate amargo que, feliz da vida, encontrei Jesus no fim da tarde de domingo.

16

BELÉM, JERUSALÉM
SEGUNDA-FEIRA, 25 DE OUTUBRO
DIA 13

Depois de quase desintegrar sob os 40 graus no Egito e na Jordânia, senti o clima em Belém bem mais receptivo à missão de peregrinar. A temperatura máxima chegou a apenas 23 graus. Belém, na manhã ensolarada de segunda-feira, parecia Porto Alegre em seus melhores dias de primavera e outono, com aquele céu azul, o ar seco e o sol que aquece sem machucar. No caminho de Belém para Jerusalém – sempre com a paradinha para inspeção no também chamado "muro da vergonha" –, pude avistar de longe o crescimento de novas construções. São todas compostas de prédios de poucos andares, um ou outro levemente mais alto. São todas futuras residências de judeus fincadas em território palestino.

— Pode? Não pode. É ilegal? Sim, é ilegal. Mas essas construções vêm crescendo, e a região onde estão localizadas já ganhou até nome: Nova Belém — explicou o guia Inácio.

Os peregrinos, nessa agradável manhã de segunda-feira, estavam excepcionalmente mudos, aparentemente cansados. Só o que faziam era cantar e rezar. Era tanta oração e tanta cantoria que a Luiza fez um desabafo ao pé do meu ouvido:

— Tu ainda está aqui a trabalho, mas e eu, que estou de férias?

Percebi que a Luiza não era tão crente como os outros peregrinos da excursão. Eu e a Luiza fomos as duas únicas peregrinas que não comungaram nas missas realizadas diariamente. Eu já tinha feito essa constatação havia uns dias, mas resolvi não falar nada. Só que a Luiza, diferentemente dos outros peregrinos, estava extremamente comunicativa na manhã dessa segunda-feira. E, terminada a missa das oito, veio me dizer:

— Já reparou que somos as únicas do grupo que não comungamos?

— Reparei — respondi.

"É que eu me sentiria uma hipócrita se comungasse", pensei.

E saí andando, tentando encontrar a razão para tal sentimento.

Aprendi, nas aulas de catequese, quando tinha nove anos, que só estão autorizadas a receber o corpo de Cristo aquelas pessoas que se confessam com o padre e vão à missa todos os domingos. Eu não faço nem uma coisa nem outra. Portanto, perante esse Deus, não estou autorizada a comungar. Hoje, percebo que quem me ensinou essa doutrina cristã foi uma idiota. No caso, uma professora de catequese que sempre fazia questão de perguntar, nas aulas da segunda-feira de manhã, quais eram os alunos que tinham ido à missa de domingo. Eu costumava comparecer à missa não exatamente por sentir necessidade, mas, sim, porque precisava responder afirmativamente à pergunta sob risco de uma penitência divina. Uma vez, não fui e menti. Fiquei três noites sem dormir, já que a professora levantou a sobrancelha, apontou para todos na sala e avisou:

— Eu tenho o poder de ver nos olhos de vocês quem está mentindo. E saibam que Deus vai castigá-los.

Talvez venha daí toda essa minha descrença em relação a esse Deus. Se é essa a imagem de Deus que vendem como a certa, então eu não faço parte do rebanho de ovelhas obedientes. Sou uma cabrita desgarrada que prefere acreditar em outro Deus, naquele que já descrevi.

Conhecemos a Gruta da Natividade, o local do nascimento de Jesus Cristo. Quem diz que achou uma batalha campal se aproximar do quadro da Mona Lisa, no Museu do Louvre, em Paris, certamente ainda não esteve na Gruta da Natividade, em Belém. Conhecer a gruta onde Jesus nasceu foi uma das grandes provas de resistência desse Big Brother da peregrinação. Primeiro, entramos em uma fila de mais de uma hora de espera, que ia andando a passinhos miúdos. Esses passinhos levavam a meia dúzia de degraus, que, uma vez descidos, desembocavam na entrada da gruta – uma abertura tão estreita que passavam não mais de dois peregrinos magrinhos por vez. Dentro da gruta, o estresse estava instalado. Para dar vazão rapidamente à quantidade de peregrinos ansiosos em conhecer o local onde Jesus veio ao mundo, foram colocados estrategicamente três guardas. E eles ordenavam:

— Mais um aqui! Pra cá! Pra lá! Ajoelha! Levanta! Sai!

Após mais de uma hora andando a passinhos miúdos até a porta da gruta e após ser cuspida lá para dentro, achei que encontraria um lugar de paz. Encontrei o caos. Os peregrinos que finalmente tinham conseguido entrar, agora não queriam sair. Não obedeciam às ordens dos guardas. A gruta estava abarrotada de peregrinos ajoelhados, querendo encostar na estrela de prata no chão que marca o local exato do nascimento. Queriam tirar fotos, queriam filmar, choravam, rezavam. Queriam fazer de tudo, menos sair dali. Enquanto isso, o guarda do lado de fora ia autorizando que mais peregrinos entrassem – sem perceber, já que não enxergava lá dentro, que os peregrinos que tinham entrado não queriam sair. Estavam todos em estado de catarse emocional.

A minha catarse era claustrofóbica mesmo. Eu não conseguia me mexer, muito menos enxergar a estrela de prata no chão da gruta. Obedecer às ordens do guarda histérico, então, eu até pretendia, mas não tinha como. A única saída estava bloqueada. Muito empurra-empurra e com-licença depois, consegui alcançar a luz para visitar outra gruta, a Gruta do Leite, onde Maria amamentou Jesus. A Gruta do Leite é uma gruta toda branca, muito bonita. Conta a tradição que, enquanto a virgem amamentava o filho, gotas de leite escorreram das paredes, pintando de branco toda a rocha do interior. Não há explicação lógica ou científica. Inúmeros testes foram realizados e não se chegou a conclusão nenhuma. O que se prega hoje em dia é que a Gruta do Leite é um local de culto à fertilidade e recebe uma legião de mulheres ansiosas por engravidar ou pelo aumento de produção de leite para amamentar. Obviamente, os vendedores ambulantes aproveitam-se do apelo e vendem saquinhos com o pó das paredes da gruta. Dizem que basta misturar o pó com a água, beber e pronto: o aumento de fertilidade é imediato, e a concepção está garantida.

A experiência de empurra-empurra na Gruta do Leite não foi muito diferente, só que o espaço era maior. Ainda assim, ficava um pouco complicado tentar interiorizar todo aquele simbolismo levando pisadas no pé e cotoveladas na orelha. Sem dúvida nenhuma, aquela era uma legítima prova do líder do Big Brother da peregrinação, e o golpe baixo de uma participante ainda piorou as coisas, sobretudo para mim que estava amontoada logo atrás dela e levei um pum fedorento na cara. Saí me debatendo da gruta até encontrar o sol do lado de fora.

No alto de um prédio, em frente a uma praça, avistei cerca de 50 homens do exército palestino em posição de franco-atiradores. Caminhei até o centro da praça e percebi que mais um séquito de soldados tentava isolar um determinado local. A situação estava tensa. Me aproximei de uma mureta próxima a uma árvore e subi, me amparando no tronco, para tentar enxergar melhor.

— Desça já daí — ordenou um policial.

Dei um pulo lá de cima, fui para trás da árvore, tirei a máquina fotográfica da mochila e coloquei no bolso. Me aproximei do mesmo policial.

— O que está acontecendo? — perguntei. "Vieram abater a velha peidorreira? Ela tá matando todo mundo lá dentro da Gruta do Leite", pensei.

— Estamos esperando a visita do nosso presidente — respondeu o policial.

O presidente da Autoridade Palestina, Mahmoud Abbas, visitaria, na manhã daquela segunda-feira, as obras de restauração da Igreja Ortodoxa Grega, dentro da qual está localizada a Gruta da Natividade. A chance de uma confusão não era pequena, dado o histórico de conflitos da região. Mas não deu tempo de esperar para ver. Logo recebi um cutucão no ombro. Era o guia Robson.

— Vamos, Mariana. Estamos atrasados pro almoço.

A tarde após o almoço incluiu a visita ao Campo dos Pastores, o local onde as pessoas mais humildes daquela época receberam a notícia do nascimento de Jesus, e o Monte Sião, região que concentra vários locais históricos bíblicos, como a sala onde foi realizada a Última Ceia.

Estivemos também na Basílica da Dormição de Maria (alguns teólogos e santos da Igreja Católica sustentam que Maria não teria morrido, mas "dormitado", e assim levada aos céus) e visitamos o fosso onde Jesus foi preso antes de percorrer a Via Sacra. Eu fiquei impressionada com o fosso, mas fiquei ainda mais impressionada com o comportamento da Silvia dentro do fosso. A Silvia era a peregrina mais estudiosa e encarnada da excursão. Acreditava em todos os milagres e não aceitava nenhuma versão que não fosse a tradução fiel da Bíblia. Foi ela que me mandou ler o Salmo 21 durante a missa para agradecer pela minha libertação na fronteira. A Silvia teve um ataque de choro dentro do fosso – muito, mas muito pior do que o meu ataque de choro no Monte das Bem-Aventuranças. Quando vi, a Silvia tinha tirado os sapatos e não parava de pisar em todas as pedras do chão do fosso. Enquanto pisava pedra por pedra, chorava copiosamente. Resmungava alguma coisa e voltava a cair em prantos. Até então, eu não tinha percebido a minha reação diante da cena, mas, quando dei por mim, estava acuada numa das esquinas do fosso, com os olhos esbugalhados olhando para a Silvia. Todos os peregrinos já tinham subido de volta. Restavam a Silvia, o Padre Tito e eu.

— Padre Tito, Padre Tito! — chamei baixinho, com medo de despertar a Silvia daquela catarse.

Padre Tito, que estava distraído olhando para cima, se virou para mim.

— O senhor acha que a Silvia está bem? — sussurrei.

Padre Tito estalou a língua, fez cara de muxoxo e deu um tapinha no ar.

— Esta é a quarta vez que a Silvia visita o fosso e faz sempre essa mesma cena — disse ele, já caminhando em direção às escadas para ir embora.

Dentro do ônibus, no caminho de volta ao hotel, já noite fechada às cinco e quinze da tarde, o Padre Tito resolveu se manifestar sobre os reiterados pedidos dos peregrinos para que benzesse toda a sorte de suvenires que estavam levando para casa. Não era a primeira nem a segunda nem a décima vez que os peregrinos pediam a bênção do padre e do Frei João nos presentes. No microfone, o Padre Tito avisou:

— Atendendo aos pedidos de muitas pessoas do grupo, assim que chegarmos ao hotel, eu vou benzer em uma única reunião os presentes que vocês compraram. Mas gostaria de deixar claro que só o ato de vocês terem comprado com carinho e amor cada um desses presentes já é considerado uma bênção.

    Foi como se o Padre Tito tivesse lido meus pensamentos. Ao chegar ao hotel, não participei da cerimônia de bênção. Acomodei minhas poucas e carinhosas lembrancinhas no fundo da mala e caí dura na cama. De roupa e tudo.

17

BETÂNIA, JERUSALÉM
TERÇA-FEIRA, 26 DE OUTUBRO
DIA 14

A última missa do último dia da nossa viagem de peregrinação religiosa foi realizada em território palestino, em Betânia, distante cerca de seis quilômetros de Jerusalém. O propósito não era visitar a cidade, mas chegar direto na igreja, rezar e ir embora. Chegamos direto na igreja, rezamos, mas, na hora de ir embora, não foi bem assim. Fomos recepcionados na porta do ônibus por dúzias de vendedores ambulantes vendendo toda sorte de suvenires. Eles não vendiam nada diferente do que os outros vendedores ambulantes que vinham nos atacando desde a chegada a Israel, mas o fato daquele ser o último dia da viagem tocou forte no coração dos peregrinos. E não havia jeito do guia Inácio fazer com que eles entrassem no ônibus. Era um tal de quatro bolsas a 10 dólares, cinco moedeiros por três dólares e duas camisetas por 12 dólares sem fim. Até um camelo foi colocado estrategicamente na porta do ônibus para quem quisesse aproveitar a última chance de subir aos céus para tirar fotografia. Eu não queria nem bolsa, nem moedeiro, nem camiseta e muito menos subir de novo em um camelo. Queria muito atravessar a rua para bisbilhotar uma loja só de pimentas, chás, temperos e especiarias que avistei do outro lado da calçada. Teria que ser jogo rápido, mas, do jeito que os peregrinos estavam entretidos, calculei que dava tempo. Me aproximei do guia Inácio para a sondagem:

— O senhor deixa eu dar um pulinho naquela loja de temperos ali do outro lado da rua? Queria muito levar uma pimenta palestina pra casa.

Ele sorriu.

— Claro, patrícia querida!

O guia Inácio me chama de patrícia querida desde meu infortúnio na fronteira de Israel, em um esforço para tentar me fazer esquecer aquela recepção hostil.

— Eu já volto — avisei.

— Não te preocupa com o tempo, patrícia querida. Se eu fosse tu, faria a mesma coisa — cochichou ele.

A loja de pimentas, chás e temperos era um verdadeiro oásis para quem, como eu, ama esse tipo de especiaria. O fator pressa me deixou, em um primeiro momento, meio atordoada. Tinha que ser tudo muito rápido. Havia repartições de vidro que iam do teto ao chão com as mais variadas pimentas das mais variadas cores e os mais variados chás das mais variadas ervas. Eu já não sabia mais para que lado olhava e muito menos o que exatamente tinha ido fazer ali.

"Pimenta pra pizza!", pensei. "Vou levar um saquinho de pimenta em grão pra colocar na pizza".

O vendedor apanhou um saquinho e perguntou quantas gramas eu queria. Não tinha ideia.

— Cem! — respondi.

Enquanto ele apanhava os 100 gramas de pimenta vermelha para pizza, vi outro vidro enorme com uma pimenta em pó de coloração alaranjada com a palavra "chicken" escrita em um pequeno quadro negro.

— Pimenta para frango? — perguntei.

— Sim, é maravilhosa. Fica divina para fazer na panela com cebola e tomate.

— Quero mais cem gramas desta, por favor — pedi.

Espiei pela porta e vi que os primeiros peregrinos começavam a subir no ônibus. Daria tempo para escolher mais umas duas pimentas, mas não queria chamar atenção para o fato de ter tido permissão do guia Inácio para atravessar a rua e fazer um programa fora do script da peregrinação, tampouco abusar da sua gentileza e boa vontade. Atravessei de volta e, antes de subir no ônibus, agradeci a ele, mostrando os dois saquinhos de pimenta. Ele sorriu, deu uma piscadinha, me puxou pelo braço e cochichou:

— Patrícia querida, assim que o motorista der a partida no ônibus, eu vou fazer uma pergunta aos peregrinos e pedir a resposta correta. Tu deve saber que a resposta é "aí". Quando eu fizer a pergunta, deve responder bem alto a palavra "aí". Mas não conta pra ninguém.

— Tá bem — respondi.

Seguimos nosso rumo de volta a Jerusalém, com o guia Inácio falando sem parar, e eu atenta para identificar o momento da minha participação. Foi quando, finalmente, ouvi que ele tinha feito uma pergunta. Não escutei exatamente o que era, mas dado o silêncio que se formou, ponderei que era chegada a hora da minha intervenção.

— Aííí! — gritei lá de trás.

— Eu ouvi a resposta certa? — insistiu o guia Inácio.

— Aííí! — voltei a gritar.

— Correto! — vibrou o guia Inácio. — Quem foi que respondeu?

— A Mariana! — gritaram os peregrinos.

— A jornalista! — vibrou o Frei João.

— Pois a Mariana vai ganhar como prêmio uma das minhas peças — anunciou o guia Inácio.

— Oooohhhhh! — encantaram-se as peregrinas.

O guia Inácio, como eu já havia dito, era ourives, confeccionava joias e tinha trabalhado durante sete anos na H.Stern, no Rio de Janeiro, onde aprendeu a falar português. Quando topei participar da brincadeira, nunca pensei que quisesse me presentear com alguma coisa. E devo confessar que não fiquei lisonjeada pelo objeto em si, mas por ter sido escolhida por ele.

As peregrinas estavam em êxtase.

— Mariana, tu vai ganhar uma joia! — repetiam.

Nas horas que se seguiram, elas não me deixaram esquecer o presente prometido.

— E aí, ele já te deu a joia? — questionava a Ceres.

— O que será que tu vai ganhar? — indagava a Rute.

— Será que ele vai cumprir a promessa? — queria saber a Janete.

Sim, o guia Inácio cumpriu a promessa em uma cerimônia no Monte dos Pastores.

— Atenção! Vou fazer agora a entrega do prêmio da Mariana — anunciou.

— Ooooohhhhh! — exclamaram as peregrinas.

— Viu, Mariana? Ele estava falando sério. Tu vai ganhar uma joia!

O guia Inácio tirou do bolso uma correntinha de prata com um pingente delicadíssimo e estilizado da Virgem Maria com as mãos unidas em oração. Abriu o fecho, pendurou no meu pescoço e eu me peguei emocionada. Lembrei das palavras do Padre Tito sobre o ato de dar um presente a alguém.

— Obrigada pela bênção — agradeci.

Nosso último dia de peregrinação foi, literalmente, uma Via Sacra. Havia pouco tempo disponível para muita coisa por conhecer, mais precisamente as estações que compreendem a Via Crúcis – do latim, "caminho da cruz", o trajeto feito por Jesus carregando a cruz, que vai do Pretório, o Tribunal de Pilatos, onde ele foi julgado e condenado, à estação onde foi enterrado. Fazia um calor que beirava os 40 graus quando chegamos à Via Dolorosa, uma rua na cidade velha de Jerusalém, que começa na Porta Santo Estêvão, também conhecida como Porta do Leão, e termina na Igreja do Santo Sepulcro. A Via Dolorosa possui nove estações da cruz. As outras cinco encontram-se no interior da Igreja do Santo Sepulcro. O exercício da Via Sacra é uma espécie de devoção, que tem como objetivo meditar a paixão, a morte e a ressurreição de Cristo. É o reviver dos últimos momentos de sua vida na Terra. Como uma católica não praticante, não estudiosa e que nunca leu a Bíblia que sou, obviamente só fui me inteirar dessa riqueza de detalhes depois que tudo terminou, ou seja, até chegar à Via Dolorosa para começar a percorrer as estações da Via Sacra debaixo de muito sol e umidade, eu não tinha a mais remota ideia do que me esperava. Ignorância, sim. Mas quer saber? Acho até que foi melhor assim.

A primeira parada foi no Pretório, onde Jesus foi condenado à morte. Era um local pequeno demais para toda a turma de peregrinos e mais dezenas de turistas que percorriam a Via Dolorosa. Dentro do Pretório, Frei João e Padre Tito leram a passagem da Bíblia que narra esse episódio. Terminada a leitura, os peregrinos cantaram, rezaram e saíram caminhando e cantando até a segunda estação, que marca o local onde Jesus colocou a cruz nas costas para iniciar a caminhada. A cena se repetiu: Frei João e Padre Tito leram a passagem da Bíblia referente ao episódio, os peregrinos cantaram, rezaram e saíram andando e cantando até a terceira estação. A terceira estação, onde Jesus caiu pela primeira vez, além de todo o roteiro semelhante às anteriores, contou com o fator choro de alguns peregrinos mais emocionados. Eu ia andando, prestando atenção, mas sem noção exatamente de tudo o que ainda havia pela frente. Resolvi me atualizar com o guia Robson. Nos dirigíamos para a quarta estação, onde Jesus encontrou sua mãe, quando resolvi dar uma batidinha no ombro do guia Robson e perguntar baixinho quantas estações eram ao todo, afinal.

— São quatorze, Mariana — ele respondeu.
— QUATORZE?
Quase tive um ataque.

Não se trata de falta de sensibilidade ou de fé, muito menos de respeito por aquele local e por tudo o que ele representa. A questão era que fazia um calor do cão, a

Via Dolorosa estava abarrotada de turistas que vinham de todas as direções – e o mais grave de tudo, na minha opinião: é permitido comércio durante o percurso. Portanto, para mim, tornava-se humanamente impossível sentir qualquer espécie de emoção com dezenas de vendedores tentando me puxar para dentro das bancas para oferecer correntes, terços, bolsas, postais, tapetes, tecidos, tâmaras, espelhos, vestidos, camisetas, chaveiros, turbantes, santinhos. Foi com muita fé de que minha pressão baixa não me derrubaria antes de chegar ao fim do programa que alcançamos o interior da Igreja do Santo Sepulcro, lugar das cinco últimas estações e considerada pelos cristãos um dos locais mais sagrados. Segundo a tradição cristã, esse é o local onde Jesus foi crucificado e enterrado.

Eu nunca, nunca, nunca, nunca tinha visto uma fila e um empurra-empurra tão grande, nem nos meus tempos de férias de julho na Disney. A jornada dentro da Igreja do Santo Sepulcro começou às onze da manhã e só foi acabar às três e meia da tarde.

Antes de voltarmos ao hotel para terminar de fechar a mala, ainda fizemos mais três paradas: no Monte das Oliveiras, no Jardim das Oliveiras e no Mercado Árabe. A viagem de 14 dias de peregrinação religiosa terminou no Muro das Lamentações.

E aí eu driblei centenas de senhoras, mulheres e adolescentes judias, algumas aos prantos, abraçadas na Torá, até conseguir me aproximar daquela enorme muralha de pedra e tocar com a ponta dos dedos da mão direita em um pedacinho dela. Então, fechei os olhos e agradeci. Antes de ir embora, não pude deixar de tirar um papelzinho do bolso e depositar em uma fenda do muro o único desejo por escrito que havia me acompanhado durante toda aquela jornada.

— O que é, Mariana? — perguntou a Janete, não contendo a curiosidade habitual.

Mas eu acabara de dar uma mordida em um Bagel. Devolvi um sorriso amável para a Janete e obedeci a educação aprendida em casa de não falar de boca cheia.

NOTA DA AUTORA

Fiz jornalismo porque sempre gostei de contar histórias, de observar pessoas, de refletir sobre o comportamento humano, de descrever paisagens, de pesquisar, de ler e, sobretudo, do trabalho solitário e silencioso de escrever a respeito disso tudo. Quando a direção do jornal Zero Hora me escolheu para ser a jornalista que acompanharia, em outubro de 2010, a peregrinação religiosa de 35 turistas, na companhia de um frei e de um padre, pelos caminhos feitos pela Santa Família no Egito, na Jordânia e em Israel, recebi a notícia como uma espécie de premiação, uma recompensa pelo meu trabalho. Tinha muito, muito medo da viagem em si: tenho muito, muito medo de avião. Ao mesmo tempo, sabia que a experiência não poderia ser simplesmente agradecida. Era uma valiosa oportunidade de conhecer uma região exótica do mundo, era um prato cheio para meu encanto de observar e aprender sobre três países e três povos que até então conhecia muito pouco. Achava que, no máximo, relataria essa vivência em uma reportagem e contaria os detalhes apenas ao restrito círculo dos amigos e da família. Jamais pensei que essa viagem se transformaria em um livro.

Peregrina de Araque relata essa jornada religiosa, cultural e também histórica diante de fatos humanos e políticos tão distintos nesses três países – no caso do Egito, apenas quatro meses antes dos protestos populares que levaram à queda do ex-ditador Hosni Mubarak, em fevereiro de 2011. Todos os nomes, com exceção da minha família, foram modificados. Fiz isso por respeito ao fato de que grande parte das pessoas não realiza uma viagem de peregrinação religiosa para virar personagem de um livro. Os diálogos foram escritos respeitando a linguagem coloquial falada por grande parte dos gaúchos, sobretudo porto-alegrenses (incluindo eu mesma) – ou seja: sem flexionar corretamente o verbo na segunda pessoa do singular como pede o pronome pessoal "tu", já que é assim mesmo, de maneira informal, que nos comunicamos.

Não tive a pretensão de debater ou questionar qualquer tipo de religião ou crença. Meu propósito foi tão-somente descrever a realidade e algumas transformações que senti ao longo dos 14 dias de uma viagem espiritual em que entrei praticamente de gaiata – uma viagem que jamais teria pensado em fazer por conta própria, mas que acabou trazendo para minha vida benefícios inenarráveis.

Agradeço ao Chico pela compreensão quanto à minha profissão, que fez com que eu viajasse tranquila com seu apoio a destinos de conflitos históricos, e ao presente de aniversário que dele recebi: uma cadeira que possibilitou terminar este livro sem a lombar em frangalhos. Agradeço ao Bento, ao Gordo e a Patrícia pelos instintos que só os animais são capazes de ensinar; a meus pais, Iolanda e Renato, pela insistência em ver esse projeto finalizado; à minha irmã, Lucia, pela gritaria que nunca me deixa esquecer a premissa de que não é preciso realizar nada de espetacular, mas que no mínimo seja o máximo que a gente consiga fazer consigo mesmo; ao meu irmão, Conrado, pelas lágrimas das gargalhadas ao ler a primeira versão do livro, um estímulo que ele nem imagina.

Agradeço também à Alessandra, pela sinceridade com que pauta nossa grande amizade; à Martha Medeiros por estar sempre disponível, mesmo quando era praticamente impossível estar, e aos e-mails e conselhos de uma legítima fada-madrinha; à Bebel Callage por aceitar ilustrar a capa deste projeto – ela sabe que, se eu pudesse nascer de novo, gostaria de ter pelo menos um terço de Bebel no meu DNA; à Titha Kraemer pelo amor com que definiu cada detalhe do design gráfico; à Luciana Thomé por abraçar essa causa como se fosse sua e por ter ensinado com gentileza e sensatez todo o caminho das pedras; à agência Unitur pelo convite e ao Ricardo Stefanelli, ao Altair Nobre e à Deca Soares por terem escolhido em conjunto o meu nome para essa jornada; ao David Coimbra pela leitura prévia; à Maira Franz pelo entusiasmo que transmite por osmose; à Célia Ribeiro pela voz da sabedoria; e à Magda Outeiral por ter me ajudado a compreender e a gostar de quem eu sou.

Não poderia deixar de agradecer de todo coração a meus colegas peregrinos pelo companheirismo e por me fazerem compreender melhor e, cada um a seu modo, o significado da palavra fé. Gostaria, por fim, de expressar minha mais profunda gratidão ao padre e ao frei que nos fizeram companhia. Por tudo que são, por tudo que sempre representarão, sem eles, essa viagem não teria sido a mesma.

Outros títulos da autora

VIDA PEREGRINA
TUDO TEM UMA PRIMEIRA VEZ

Para consultar nosso catálogo completo e obter mais informações
sobre os títulos, acesse www.dublinense.com.br.

dublinense

Este livro foi composto em fontes Arno Pro, Jellyka Delicious Cake e Mari&David
e impresso na gráfica Pallotti, em papel lux cream 70g, em novembro de 2015.